## IMF 위기

개념사 07

은수미 지음

차례

# 1장 | 사회학자의 눈으로 본 경제 위기

세계화와 경제 위기 · 10
증가하는 사회적 위험 · 12
경제 위기의 본질 · 16

● 깊이 읽기 | 경제 위기와 실업 · 21

# 2장 | IMF 이후 10년, 한국의 우울한 자화상

**1. 사회적 양극화 지표** ──── 24
　심각한 소득 불평등 · 24
　나쁜 일자리의 증가 · 28
**2. 사회적 양극화가 남긴 상처** ──── 34
　사회적 양극화가 지속된다면 · 34
　10년의 고통과 상처 · 37

● 깊이 읽기 | 사회적 양극화를 보는 두 가지 시각 · 45

## 3장 | 세계화와 IMF

**1. IMF의 빛과 그림자** —— 48
    두 가지 IMF · 48
    IMF의 목적과 역할 · 52

**2. IMF의 탄생** —— 58
    브레턴우즈 체제와 고정환율제 · 58
    제2차 세계대전과 브레턴우즈 체제 · 62

**3. IMF와 제3세계** —— 68
    팍스 아메리카나 · 68
    IMF와 라틴 아메리카 · 73

● — 깊이 읽기 | **세계화** · 80

4장 | 세계화와 1997년 경제 위기

**1. 1997년 경제 위기** ——— 84
경제 위기의 원인 · 84
내적 요인과 외적 요인 · 87

**2. 위기를 키운 정부 대응** ——— 94
한국 정부의 취약한 대응 · 94
과도한 개방 · 97

● ─깊이 읽기 | 위험 사회와 사회적 배제 · 105

## 5장 | 2008년 경제 위기와 한국

**1. 2008년 경제 위기의 특징** ──── 108
  구제 금융의 부작용 · 108
  2008년 경제 위기 · 116

**2. 위기 극복의 동력** ──── 119
  민주화, 1980년 · 119
  민주화, 1987년 · 126
  세계적 힘 · 133

● ─ 깊이 읽기 | 민주화 · 138

글을 맺으며 · 139

도움 받은 자료들 · 147
개념의 연표 ─ IMF 위기 · 148

# 1장

사회학자의 눈으로 본 경제 위기

## 세계화와 경제 위기

1997년 말에 발생한 IMF 경제 위기의 상처가 아직도 사회 곳곳에 어두운 그림자를 드리운 상황에서 한국은 2008년 10월에 다시 한번 경제 위기에 직면했다. 2008년 경제 위기의 중요한 원인이 미국의 금융 위기라는 사실은 한국의 현재 그리고 미래와 관련하여 큰 함의를 갖는다. 한 국가와 국민이 자신의 운명을 스스로 결정하거나 바꾸어나갈 힘이 점점 줄어들고 외부 요인에 더 크게 좌우될 수 있음을 이번 경제 위기가 보여주기 때문이다.

경기 순환, 특히 경제 위기는 자본주의가 자정 능력을 회복하는 핵심 수단이다. 때문에 자본주의 사회에서 경제 위기는 피할 수 없는 일인데다 전 세계가 단일 시장의 형태로 묶여 있는 여건에서는 한 나라의 경제가 견실하다 하여 세계적인 경제 위기를 피해 갈 수는 없다. 더욱이 세계 시장에 미치는 영향력이 가장 큰

#### 킴 무디

미국 노동자 단체인 레이버 노트Labor Notes가 발행하는 동명의 월간지 편집장으로 오래전부터 이 잡지뿐만 아니라 《뉴 폴리틱스New Politics》, 《뉴 레프트 리뷰New Left Review》 등 세계적으로 유명한 개혁적인 매체를 통해 미국과 캐나다 노동 운동의 혁신을 위해 노력하고 있다.

---

미국에서 일어난 경제 위기는 도미노 현상을 불러일으킨다. 미국의 금융 위기가 곧바로 한국, 일본, 유럽 등지에 영향을 끼치는 현실은 '풍요와 안정을 함께할 수 있을지 의심스럽지만 적어도 위기를 함께하는 것은 분명하다'는 것을 다시 한번 일깨운다.

그렇다면 경제 위기는 항상적이고 주기적으로 일어날 수밖에 없는 현상이라고 넘기면 그만일까? 이번 경제 위기를 극복하면 다시 원위치로 되돌아갈까?

무언가 이상하다. 1997년 IMF 경제 위기 이후 한국 사회는 뚜렷하게 바뀌었기 때문이다. 1997년 이전에도 경제 위기가 없었던 것은 아니다. 하지만 그때만 해도 '위기는 기회이고 한국은 위기를 통해 성장한다'는 말이 어느 정도 설득력이 있었다. 그런데 1997년 위기 이후에는 그런 낙관을 기대하기 어렵다. 경제 위기는 극복되었지만 '사회적 양극화' 등으로 불리는 사회적 위험은 더 커졌기 때문이다. 그 와중에 또다시 미국발 경제 위기로 침체가 시작되자, 이번 경제 위기를 넘어서면 더 큰 사회적 위험이 발생하는 것은 아닌지 걱정스럽다. 그것이 더 이상 '위기는 기회'라는 말에 귀가 솔깃하지 않는 이유이며, 경제 위기를 단순히 주기적인 경제 현상으로 이해하는 것을 넘어 그 근원과 추이를 총체적으로 살펴보아야 하는 이유이다.

1997년 경제 위기 이후에 '신자유주의적 세계화'는 우리 사회를 지배하는 구호가 되었다. 미국의 개혁적인 노동 활동가 킴 무

**울리히 벡**
독일 뮌헨 대학 사회학 교수로《위험사회》,《적이 사라진 민주주의》등의 저서를 통해 사회주의가 무너진 후 자본주의 사회가 직면한 위험을 제시함으로써 세계적인 관심을 불러일으켰다. 특히 그는 2008년 한국을 방문해 한국 정부의 대운하 추진을 둘러싸고 표출된 사회적 갈등을 긍정적으로 평가하면서 이것을 삶의 질을 높이는 성찰의 계기로 바꾸어야 한다고 강조했다.

디Kim Moody는 신자유주의는 하나의 정책이자 과정으로서 그에 따라 과거 국가별로 확립된 시장 중심주의를 전 세계로 확장한 결과, 경쟁에서 이기지 못하면 살아남을 수 없는 체제가 만들어졌다고 말한다. 또한 시장이 모든 것을 지배하고, 국경을 넘어 세계를 떠도는 투기 자본들이 팡파르를 울리는 동안 대다수 사람들의 삶은 더욱 악화되어 회복할 수 없을 정도로 빈곤해진다고 강조한다.

1996년 발표된 유엔 보고서에 따르면 세계에서 가장 부유한 사람 358명의 재산이 세계 인구의 45퍼센트를 차지하는 빈곤 계층 약 23억 명의 재산을 합한 것과 같다고 한다. 이러한 경향은 시간이 갈수록 더욱더 심화되고 있다. 당대를 살아가는 많은 사람들과 국가가 신자유주의적 세계화의 부정적 영향력 앞에 알몸으로 노출되어 있는 셈이다. 그렇다면 한국의 우울한 현실도 단지 항상적인 경제 위기에 따라 나타난 현상이 아니라 세계화의 부정적 측면이 반영된 결과가 아닌지 궁금해진다. 한국의 경제 위기와 그것이 낳은 사회적 위험은 상당 부분이 신자유주의적 세계화의 그림자일까?

## 증가하는 사회적 위험

독일의 사회학자 울리히 벡Ulrich Beck은 이미 1986년에 현대 사회

**하도급**

주문하는(발주) 대기업과 주문을 받는(수주) 중소기업 간의 거래를 말한다. 그런데 대기업과 중소기업은 시장에서 차지하는 지위나 능력에서 차이가 크기 때문에 대등한 거래가 이루어질 수 없다. 그중에서 가장 불이익을 받는 쪽은 수주하는 중소기업 노동자이다. 예를 들어 발주 업체→1차 도급 업체→2차 도급 업체→3차 도급 업체 순으로 수직적이고 불평등한 다단계 연쇄 고리가 형성될 때 마지막 단계에 있는 도급 업체 노동자들이 최대 약자가 된다. 이천 냉동창고 화재로 목숨을 잃은 이들이 맨 마지막에 있는 사람들이다. 주문을 한 업체는 기업 간의 거래라는 이유로 수주한 업체의 노동자들에 대해서 법적 책임을 지지 않는다.

---

를 '위험 사회'로 지칭한 바 있다. 지식과 기술의 발전으로 현대인들이 예상하거나 통제할 수 없는 위험에 노출된다는 위험 사회론은 디스토피아distopia에 대한 우려와 일맥상통한다. 오늘날 대부분의 국가가 벡이 지적한 대로 일상적 위험이 만연한 사회를 살아가고 있는데, 그 징후나 구체적 현상은 나라마다 다르다. 벡은 극단적 근대화를 경험한 한국 사회를 가리켜 "특별히 위험한, 심화된 위험 사회"라고 표현했다.

울리히 벡

2007년 말에 발생한 태안반도 기름 유출 사고와 2008년 1월의 이천 냉동창고 화재는 한국 사회가 어떤 위험에 처해 있는지를 단적으로 보여준다. 태안반도 기름 유출은 조선업으로 호황을 누리던 상황에서 삼성중공업이 악천후에도 대형 구조물인 해상 크레인을 무리하게 예인한 것이 사고 원인의 하나였다. 하지만 사건이 발생한 지 한 달이 지나도록 삼성이 피해 보상은커녕 피해 어민에 대한 사과조차 하지 않는다는 지적이 제기되었다. 성장과 경쟁을 하다 보면 발생하는 어쩔 수 없는 일 정도로 치부하는 것은 아닌지 의심스럽다는 것이다.

이천 냉동창고 화재도 이미 오래전부터 제기되어온 건설 현장의 다단계 하도급 문제가 한꺼번에 40여 명의 목숨을 앗아갈 정도로 심각하다는 것을 보여준 사건이다. 당시 화재 현장에서는 아직 연기도 채 가시지 않은 상황에서 "도급을 주었기 때문에 책임이 없다"는 주문 업체의 인터뷰가 버젓이 방송되었다. 정작 일을 맡긴 업체는 사고에 대한 책임이 없다니 상식적으로 납득하기 어렵지만 그것이 현실이다.

사고 후 태안에는 자원봉사의 발길이 이어졌다. 20일 동안에만 기름때 제거 작업에 60만 2,000여 명이 함께했다. "세계도 놀란 태안의 인간 띠"가 신문의 머리기사를 장식했다. 이천 화재 현장에도 자원봉사의 손길이 이어졌다. 인간의 도리와 예의가 사라지지 않았음에 흐뭇해하면서도 이상한 일이라는 생각이 든다. 하도급을 주든 예인선을 보내든 그것은 기업의 자유로운 경영 활동이고, '성장'에 따른 위험은 개개인이 목숨으로 혹은 자원봉사로써 감당해야 하는 것으로 비추어지기 때문이다.

한 가지 더 있다. 2009년 1월 20일 경찰이 서울시 용산 재개발 지역 철거민의 저항을 진압하는 과정에서 철거민 다섯 명과 경찰 한 명이 목숨을 잃었다. 그동안 재개발은 경제의 중요한 성장 동력 가운데 하나였고, 일부 사람들에게는 부동산 가격 상승에 따른 엄청난 부를 안겼다. 신용산 전철역 일대가 재개발되어 새로운 건물이 들어서고 경제 활동이 이루어지면 똑같은 방식으로 막대한 부를 얻는 집단이 생길 것이다. 바로 이것을 위해서, 성장과 경쟁력을 위해서는 칠순의 노약자가 불에 타 죽는 것마저 어쩔 수 없는 일인 것이다. 그러나 전쟁 아닌 전쟁 상황을 동영상으로 지켜본 사람들은 경제 위기에 따른 불안 그 이상의 사회적 위험을 느

2007년 12월 기름 유출 사고가 있었던 태안에서 자원봉사 활동에 침여한 시민들 ⓒ 환경운동연합 마용운

기름 유출 사고가 일어난 태안에도, 이천 냉동창고 화재 현장에도 자원봉사의 손길이 이어졌다. 인간의 도리와 예의가 사라지지 않았음에 흐뭇해 하면서도 이 또한 이상한 일이라는 생각이 든다. 하도급을 주든 예인선을 보내든 그것은 기업의 자유로운 경영 활동이고, '성장'에 따른 위험은 개개인이 목숨으로 혹은 자원봉사로써 감당해야 하는 것으로 비추어지기 때문이다.

> 경제 위기는 이제 균형추가 작동하지 않고 불신만이 가득한 사회적 위기로 바뀌었다. 돈에 대한 욕망 때문에 사람의 목숨을 제물로 바치는 것조차 서슴지 않는다면, 내 가족과 내 자식만 살아남으면 그만이라는 규범이 형성되면 항상적인 사회적 위험으로 접어든다.

낄 수밖에 없다. 게다가 더 큰 사고는 늘 잠재해 있기 마련이다.

### 경제 위기의 본질

정부를 비롯한 '공적인 것'에 대한 신뢰 상실이 사회적 불안감을 부추긴다는 사실 역시 간과해서는 안 된다. 최근 기승을 부리는 여러 이기주의가 한 예이다. 내 새끼 이기주의, 지역 이기주의, 학력 이기주의……. 정부와 사회, 공적인 것에 대한 믿음이 부족한 개인은 스스로 살길을 찾기 위해 발버둥치게 마련이다. 이는 이기주의를 낳고 폐쇄적이고 배타적인 연줄 망을 형성하는 동시에 또 다른 위험을 낳는다. 모범이 되어야 할 상류층마저 계층의 이해를 위해 공적 정보를 사적으로 활용하고 연줄을 동원한다는 의심을 받는다. 게다가 지성과 도덕성을 통해 존경받고 사회의 균형추가 되어야 할 지식인이 죽었다고도 한다.

일부 지식인들은 중산층이나 취약 계층의 최근 투표 행위를 두고 부동산 투기로 돈을 벌려는 욕망의 발현으로 평가절하했지만 대중들은 묻는다. 그 욕망으로부터 자유로운 지식인이 몇 명이나 있을까? 내 새끼 이기주의로부터 자유로운 지식인은 누구일까? 부동산 투기를 하지 않은 지식인이 얼마나 될까?

경제 위기는 이제 경제적 차원을 넘어, 균형추가 작동하지 않고 불신만이 가득한 사회적 위기로 바뀌었다. 경제 위기는 극복

《나는 전설이다》
1954년 리처드 매드슨이 발표한 소설로 세계 공포 소설과 공포 영화에 커다란 영향을 끼친 작품이다. 핵전쟁 후 인류가 바이러스에 감염되어 흡혈귀가 된 상황에서 유일하게 인간으로 살아남은 주인공이 반복되는 일상을 견디며 흡혈귀들과 사투를 벌이는 내용을 담았다. 서로 전염시키는 대규모 흡혈귀 병이라는 아이디어를 최초로 선보였으며, 이러한 설정을 통해 1950년대 미국 중산층이 겪는 일상의 공포와 음울한 미래에 대한 종말론적 전망을 상징적으로 표현하고 있다.

되기 마련이다. 나라 경제가 어렵고 기업이 어렵고 서민 가계가 어려운 것은 시간이 흐르면 나아질 수 있다. 하지만 돈에 대한 욕망 때문에 사람의 목숨을 제물로 바치는 것조차 서슴지 않는다면, 내 가족과 내 자식만 살아남으면 그만이라는 규범이 형성되면 항상적인 사회적 위험으로 접어든다. 제물은 더 많은 제물을, 욕망은 더 많은 욕망을 낳을 뿐이기 때문이다.

영국 대영박물관을 방문한 사람들이 기부한 세계 각국의 화폐들

2008년에 개봉한 영화 〈나는 전설이다〉를 기억하는가. 영화에서 사람들은 바이러스에 감염되어 서로 죽이다가 결국 좀비가 된다. 인간은 주인공뿐이며 유일한 벗은 살아남은 커다란 개다. 폭격을 맞은 것처럼 황폐해진 도시는 홀로 남은 주인공 즉 현대인이 감당해야 할 고독의 또 다른 모습일 것이다.

하지만 영화는 희망을 말한다. 과학자인 주인공은 자신의 피를 이용해 바이러스를 퇴치하는 백신 개발에 성공한다. 그러나 이 영화의 원작 소설은 정반대다. 지구에서 인간은 영원히 사라지고, 좀비가 인간을 대체한다. 더 많은 제물, 더 많은 욕망을 추구하는 사회라면 그 역시 좀비가 아닐까. 소설의 저자가 그렇게 묻고 있는 것 같아 흠칫 떨면서 책장을 덮었던 기억이 생생하다.

이 책은 사회학자의 눈으로 바라본 경제 위기에 대한 이야기

> **필라델피아 인권 선언**
> 1944년 국제노동기구(ILO) 필라델피아 총회에서 채택된 선언으로, 1970년대까지 세계 체제에 영향을 미친 중요한 인권 선언이다. 국제노동기구의 목적을 규정하고 있는데, "노동은 상품이 아니다", "일부의 빈곤은 전체의 번영을 위태롭게 한다", "모든 인간은 자유와 존엄성, 경제적 안정 및 기회 균등이 보장되는 조건 아래서 물질적 풍요와 정신적 발전을 추구할 권리를 가진다" 등의 내용을 담고 있다. 국제노동기구 헌장이라고도 불린다.

다. 1997년의 IMF 경제 위기 이후 10여 년 만에 또다시 심각한 경제 위기가 몰아닥친 상황에서, 한국 사회의 사회적 위험이 더 높아질 수 있다는 것, 그리고 이러한 현상은 1997년 IMF 위기 이전과는 사뭇 다르다는 사실을 살펴보는 데 이 책의 초점이 있다. 또 그러한 우려가 어느 정도 현실화될 것인지, 한국의 미래는 무엇인지 물으려 한다. 따라서 여기에서 경제 위기를 다루는 방식은 수치와 통계, 이론과 가설 등의 수학적 확실성에 바탕을 둔 학술적 접근이 아니라 여러 가지 자료와 주장을 짜깁고 거기에 상상력을 덧입힌 사회학적 접근이라고 볼 수 있다. 다른 많은 사람들이 그렇듯이 나 역시 현실의 위기 앞에서 비관적 전망을 떨치기 어렵지만, 또 다른 가능성에 대한 상상력을 제시하는 것은 사회학의 특권일 것이다. 사회학자가 경제 위기를 다루어보겠다고 결심한 이유는 여기에 있다.

이 책은 먼저 제2차 세계대전 이후 전 세계가 돈이 사람을 지배하는 사회로 바뀐 과정을 살펴볼 것이다. 돈이 말을 하고 돈이 걸어 다니며 돈이 사람을 대체하는, 돈이 많아질수록 또 돈에 봉사하면 할수록 더욱 빈곤해지고 영혼마저 빼앗겨온 지난 60여 년을 돌아보려 한다. 그것은 1944년의 '필라델피아 인권 선언', 즉 인간은 상품이 아니라는 인권 선언이 사실상 무력화되는 과정이기도 하다.

한국도 이러한 현실에서 예외가 아니다. 경제가 성장하면 할

수록 한국 사회의 위험은 심각해지고 사회적 약자의 규모 역시 계속 커졌다. 그 결과 우리의 미래인 10대와 20대는 오직 돈벌이와 정규직 일자리만 꿈꾸는 '잃어버린 세대'가 되었다. 1997년 한국의 IMF 경제 위기와 2008년의 세계 금융 위기는 돈에 먹혀 버린 세계를 추모하는 조종弔鐘이자, 돈 중심에서 사람 중심으로 세계 질서가 근본적으로 전환해야 한다는 강력한 메시지이다.

이 책은 또한 한국 사회에 변화의 가능성이 있는지, 희망의 전조가 있는지를 묻는다. 이 물음에 답하기 위해 1980년대의 민주화 운동에 주목할 것이다. 우리 현대사에서 1980년대의 민주화 운동이야말로 사람에게서 희망을 찾고 사람에게서 희망을 배우려 했던 집단적인 노력의 증거이기 때문이다. 그 열정과 힘은 2000년대 이후 '붉은 악마'나 촛불 집회의 모습으로 반복되고 있다.

그렇다고 해서 이 책이 희망의 실체를 구체적으로 제시하고 있는 것은 아니다. 사실 민주화 운동의 경로를 보아도, 1987년 6월 항쟁 직전까지는 한국 사회에서 희망의 전조를 발견하기 어려웠다. 당시 사람들은 민주화의 제단에 바쳐지는 피의 제물이 늘어나는 것에 아랑곳없이 독재와 권위주의라는 괴물은 꿈적하지 않는 현실에 절망했다. 자신의 몸을 기꺼이 제물로 바친 사람들조차 민주화가 이루어질 것이라고 확신하지 못했다. 그러나 그들의 헌신에 힘입어, 그리고 세상의 순리에 따라 결국 민주화

앙리 마티스, 〈이카로스〉(1943)

를 이루었듯이, 나는 돈이 지배하는 이 위험한 사회의 질서를 바꿀 세기적 전환의 가능성이 어디에선가 움트고 있으며 그것은 바로 '사람들의 열망'에서 시작될 것이라고 단언한다.

마티스Henri Matisse의 작품 〈이카로스〉를 본 적이 있는가. 밀랍으로 만든 날개를 달고 태양을 향해 날아오르다 밀랍이 녹아 추락한 그리스 신화 속 인물 이카로스는 여러 화가들의 작품 소재가 되었다. 그런데 다른 화가들이 이카로스의 '추락'을 그린 반면 마티스는 이카로스의 '열정'을 그렸다. 선명하고 부드러운 파란색 몸, 그리고 심장 근처의 오직 하나의 붉은 점. 마티스는 젊은 이카로스의 무모함에서 붉은 열정과 죽음에 이르기까지 지속된 꿈을 본 것이 아닐까. 적어도 내게는 그렇게 읽힌다. 이카로스의 꿈은 인간이 인간이기를 바라는 한 계속될 수밖에 없다. 그래서 우리 사회를 비롯해 인간이 사는 모든 사회에는 희망이 있다.

깊이 읽기

## 경제 위기와 실업

경제 위기란 '수요와 공급의 불일치'가 극점에 이르러 공장은 문을 닫고 노동자는 실직하며 창고에는 팔리지 않은 물건이 쌓이고 상점은 텅 비는 상황을 말한다. 자본주의 사회에서 경제 성장률의 상승과 하락 즉 '경기 순환'은 항상적인 현상이다. 그런데 자본주의가 한 국가만이 아니라 세계적 현상이 되자 경기 순환에 따른 주기적인 경제 위기가 전 세계에서 동시다발적으로 나타나고 있다.

2008년 노벨 경제학상 수상자인 폴 크루그먼Paul Krugman은 저서 《경제학의 향연 Peddling Prosperity : Economic Sense and Nonsense in the Age of Diminished Expectations》에서 순조로운 경제 성장을 가로막는 경기 후퇴와 회복의 불규칙한 리듬이 존재하는 이유를 영국의 경제학자 케인스John Maynard Keynes의 견해를 빌려 설명한다. 한마디로 개인이나 가계 혹은 기업이 돈을 쓰기보다는 모으려 하고 그 경향이 동시에 일어날 경우 경기 후퇴가 발생한다는 것이다.

경제 위기로 일자리가 감소하면 당연히 실업자가 늘어난다. 하지만 그것도 나라마다 차이가 있는데 사회 복지가 잘 발달된 나라에서는 실업자가 많이 늘어나지만 사회 복지가 덜 발달된 나라에서는 취업 백수나 근로 빈민이 더 늘어나기 때문이다. 그리고 최근에는 유럽에서와 같이 경제 성장기에도 실업이 늘어나거나 영미 국가에서처럼 근로 빈민이 광범위하게 확산되는 경우가 나타난다.

경제 위기는 경제 영역에만 국한되지 않고 정치·사회·문화적 변화를 수반하는 경우가 종종 있다는 점에서 경제 위기에 대한 관심은 점점 더 커질 수밖에 없다.

2장

IMF 이후 10년, 한국의 우울한 자화상

# 1

## 사회적 양극화 지표

**심각한 소득 불평등**

2008년 국가인권위원회는 사회권Social Rights 지표를 시험적으로 개발하고 이에 기초하여 한국의 사회권 현황을 소득 보장, 건강, 주거, 노동, 교육 등 다섯 가지 영역에서 살펴보았다. 그 결과 모든 지표에서 공통적으로 총량 차원에서는 어느 정도 개선이 이뤄졌지만 상대적, 질적 차원에서는 사회권이 약화된 것으로 드러났다. 그 대표적인 현상이 '사회적 양극화'이다.

학자들마다 사회 양극화를 정의하는 방식은 다르지만, 대체로 중간 소득 계층(중산층)이 줄어들면서 소득 분포가 상위와 하위로 몰리는 양상을 양극화라고 한다. 이것을 어떻게 잴 수 있을까?

코라도 지니

첫째, 지니 계수로 나타나는 소득 불평등을 통해 측정할 수 있다. 지니 계수는 이탈리아의 인구학자이자 사회학자인 코라도 지니Corrado Gini가 제시한 소득 분포에 관한 통계 법칙인 '지니의 법

### 사회권

시민권에 사회권 개념을 도입한 영국의 사회학자 마셜T. H. Marshall은 사회권을 "적정 수준의 경제 복지를 통해 사회적 유산을 공유하고 그 사회의 보편 기준에 따라 문명화된 삶을 살 수 있는 권리"로 규정했다. 그리고 이를 현실화하는 핵심적인 사회 제도로 '교육과 사회 복지 서비스'를 강조했다. 넓은 의미에서 사회권은 국가의 시장 규제를 통한 적정 수준의 경제 복지 보장과 사회 보장 프로그램을 의미한다.

---

칙'에서 나온 개념이다. 소득이 어느 정도 균등하게 분배되어 있는지를 평가하는 데 주로 이용되며 한 국가의 빈부 격차와 계층 간 소득 분포의 불균형뿐만 아니라 국가 간 비교 지표로도 많이 이용된다. 지니 계수는 0부터 1까지의 값을 가지는데 만약 지니 계수가 1이면 한 사람이 모든 소득을 다 가지는 극악한 불평등 상황이다. 거꾸로 0이면 소득이 균등하게 분포되어 있는 것이다. 따라서 지니 계수가 클수록 소득 불평등이 커지고 사회적 양극화 역시 심화된 것으로 여긴다.

〈그림 1〉은 지니 계수를 통해 한국의 사회 양극화 정도를 보여 주고 있다. 연도별 추이를 보면 1980년대 초반까지 매우 심각한

**〈그림 1〉 한국의 소득 분배 구조 추이(1982~2006)**

출처 : 노대명, 《사회권 지표를 통해서 본 한국의 사회권》(국가인권위원회, 2008)

● —— IMF 위기

수준이었던 소득 불평등 정도가 민주화 이후 1990년대 중반까지 급속하게 개선되었음을 알 수 있다. 경기 호황과 더불어 민주화 운동에 따른 노동 소득 분배 구조 개선이 중요 원인이다. 당시 N세대, X세대라는 신조어가 만들어졌고 1996년에는 경제협력개발기구(OECD)에 가입했다. 많은 한국인이 스스로 중산층이라고 생각했던 '꿈과 낭만의 10년'. 〈그림 1〉은 소득 불평등 정도의 극적 완화를 통해 그 현상을 보여준다.

그런데 1997년 경제 위기 이후 상황이 급변한다. 지니 계수가 급작스럽게 커져 1980년대 초반 수치로 되돌아간 것이다. 더욱이 이후 10년간 경제 위기는 넘어섰지만 소득 분배 구조는 지속적으로 악화된 것을 알 수 있다. '우울한 10년'이라고 불러도 과언이 아니다. 1인당 국민 소득이 1995년 1만 1,432달러, 2004년 1만 4,162달러, 2008년 경제 위기 직전 2만 달러에 이를 만큼 소득이 늘어난 동시에 사회적 양극화도 함께 심화되었다. 경제 성장의 과실이 골고루 돌아가지 않고 사회의 일부 집단에 편중된 것이다. 꿈의 90년대가 다시 되돌아올 것이라는 징후가 보이지 않는다는 점에서 1997년 이후는 우울한 10년을 넘어 '비관의 10년'이라고 이름 붙일 수 있다.

이 같은 한국의 현실은 국가 간 비교에서도 뚜렷하다. 한국의 소득 불평등 정도는 OECD 4위를 기록하는 매우 높은 수준(〈그림 2〉)이며 저임금 근로자 비중 역시 세계 수위를 차지한다(〈그림

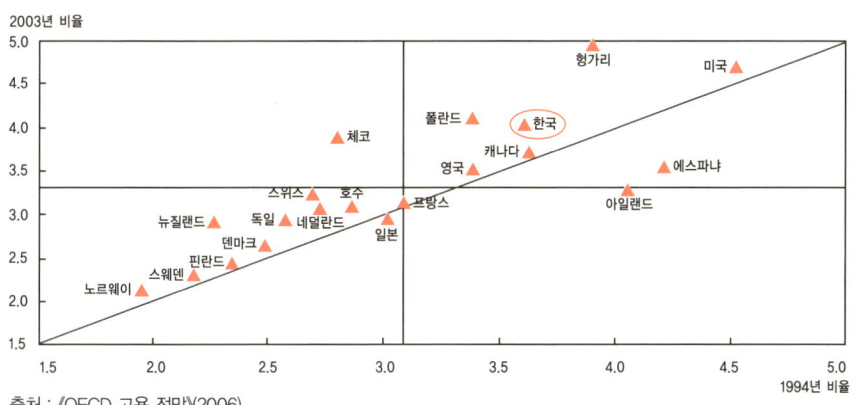

〈그림 2〉 OECD 연평균 소득 불평등(1994, 2003)

출처 : 《OECD 고용 전망》(2006)

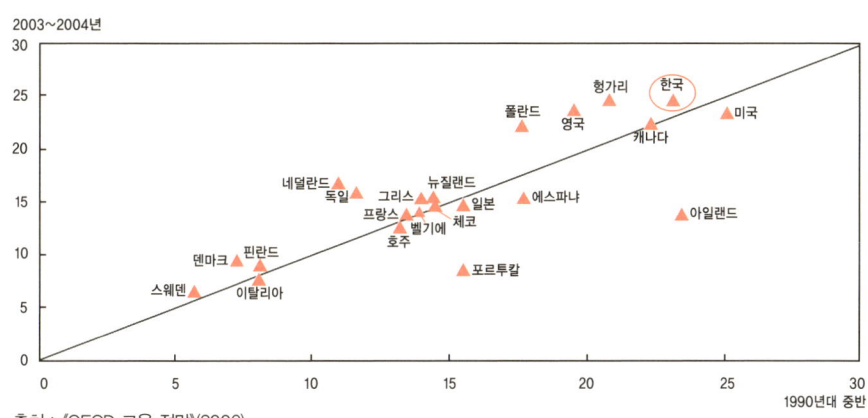

〈그림 3〉 OECD 저임금 근로 비중(1994, 2003~2004)

출처 : 《OECD 고용 전망》(2006)

3〉). 1997년 이전과 이후가 질적으로 달라졌음은 이처럼 수치로도 극명하다.

### 나쁜 일자리의 증가

둘째, 나쁜 일자리의 증가를 통해서도 사회적 양극화를 확인할 수 있다. 우리나라 국민 중 일하는 사람들의 소득을 가장 많이 버는 사람부터 가장 적게 버는 사람에 이르기까지 한 줄로 세울 경우 소득이 높은 순서부터 100번째, 200번째, 300번째 식으로 번호를 매기는 것이 가능하다. 이때 소득 정도에 따라 크게 10개 그룹으로 차례로 묶고 그것을 다시 상위 3개, 중위 4개, 하위 3개 그룹으로 나눌 수 있다. 그리고 나서 특정 두 시기, 예를 들어 1995년과 2005년을 비교하여 중위 4개 그룹에 속하는 사람들의 수가 줄어들고 하위 3개 그룹과 상위 3개 그룹 사람들의 수가 늘어나면 사회 양극화라고 할 수 있다. 중산층이 줄어들면서 소득

1997년 IMF 경제 위기 이후 저소득층을 비롯한 서민들의 삶이 더욱 어려워졌다
ⓒ 오도엽

중산층이 줄어들면서 소득 분포가 상위와 하위로 몰리는 U자 현상이 양극화이며, 특히 나쁜 일자리의 증가율이 좋은 일자리의 증가율보다 클 경우 사회 양극화는 더욱 심각해진 것이다.

---

분포가 상위와 하위로 몰리는 U자 현상이 양극화이며, 특히 나쁜 일자리의 증가율이 좋은 일자리의 증가율보다 클 경우 사회 양극화는 더욱 심각해진 것이다.

    그런데 IMF 경제 위기 이후 괜찮은 일자리가 줄어드는 대신 나쁜 일자리가 늘었다. 〈그림 4〉는 바로 이 U자 현상을 보여준다. 먼저 급여를 많이 주는 일자리부터 적게 주는 일자리까지 10개 그룹으로 나눈 다음 그 10개 그룹의 일자리 수가 1993년부터 2000년까지 늘었는지 혹은 줄었는지를 확인했다. IMF 경제 위기를 전후하여 7년간 하위 3개 그룹 일자리는 82만 5,000개 증가하고 상위 3개 그룹 일자리는 71만 5,000개 늘어났으나 중위 4개 그룹 일자리는 9만 4,000개 줄었다. 이를 상위 5개와 하위 5개로

〈그림 4〉 일자리 10분위별 고용 증감(1993~2000)

### 주택 보급률과 주택 보유율

주택 보급률이 전국의 총 주택 수를 가구 수로 나눈 것이라면, 주택 보유율은 실제로 누가 얼마나 자기 소유의 집을 가지고 있는지를 나타내는 것이다. 예를 들어 주택이 100개이고 가구가 100가구면 주택 보급률은 100퍼센트이다. 하지만 주택 100개가 오직 한 사람 것이라면 주택 보유율은 1퍼센트가 된다.

〈표 1〉 한국의 비정규 근로 현황(2002~2008)*

(단위 : 천 명, %)

|  | 2002. 8 | 2003. 8 | 2004. 8 | 2005. 8 | 2006. 8 | 2007. 8 | 2008. 8 |
|---|---|---|---|---|---|---|---|
| 임금 근로자 | 14,032 (100.0) | 14,149 (100.0) | 14,584 (100.0) | 14,968 (100.0) | 15,351 (100.0) | 15,882 (100.0) | 16,103 (100.0) |
| 정규직 | 10,191 (72.6) | 9,542 (67.4) | 9,190 (63.0) | 9,486 (63.4) | 9,894 (64.5) | 10,180 (64.1) | 10,658 (66.2) |
| 비정규직 | 3,841 (27.4) | 4,606 (32.6) | 5,394 (37.0) | 5,482 (36.6) | 5,457 (35.5) | 5,703 (35.9) | 5,445 (33.8) |

\* 비정규 정의 및 규모는 2002년 노사정위원회 합의에 따름
출처 : 통계청, 경제활동인구 부가조사, 각 연도

다시 나누면 상위는 58만 5,000개 늘어났으나 하위는 86만 2,000개 늘어나 좋은 일자리보다 나쁜 일자리가 더 많아졌다. 이 같은 현상은 2001년 이후부터 현재까지도 계속되고 있다.

셋째, 비정규직의 증가 역시 사회 양극화의 중요한 지표다. 나쁜 일자리는 비정규 일자리와 긴밀하게 결합되어 있는데 〈표 1〉에서 보는 것처럼 2002년 8월 27.4퍼센트이던 비정규직은 2007년 비정규직 입법 시행 이후에도 33.8퍼센트에 이른다. 노동계 통계로는 2008년 기준 52.1퍼센트로 과반수를 넘는다.

이외에도 사회적 양극화 현상은 다양하다. 예를 들어 주거 수준을 살펴보면 주택 보급률이 1995년 86퍼센트에서 2003년 101.2퍼센트로 늘어났다. 그렇다면 주거 환경이 좋아진 것일까? 그렇지 않다. 주택 보급률이 아닌 주택 보유율을 확인하면 1995

비정규직 철폐를 주장하는 집회 모습 ⓒ 대학신문

비정규직의 증가 역시 사회 양극화의 중요한 지표다. 나쁜 일자리는 비정규 일자리와 긴밀하게 결합되어 있는데, 1997년 IMF 경제 위기 이후 급격하게 늘어나 2008년 기준 과반수를 넘긴 비정규직은 한국 사회에서 정규직과 비정규직이라는 새로운 계급 구분을 만들어내고 있다.

년 53.3퍼센트에서 2003년에는 49.7퍼센트로 떨어졌기 때문이다. 주택 보급률은 100퍼센트를 넘었는데 주택 보유율이 더 낮아졌다면 집 없는 사람도 많아졌지만 집이 두 채 이상인 사람도 많아졌다는 의미다. 결국 사회적 양극화가 더 커졌음을 의미하는 것이다.

또한 대기업일수록 고용을 기피하여 300인 이상 규모 기업에서 일하는 노동자 수가 급속하게 감소한 것 역시 사회적 양극화의 증거다. 대기업의 일자리가 상대적으로 좋은 일자리라는 것은 말할 필요가 없다. 1993년에 1,000인 이상 대기업에 취업한 노동자는 전체 임금근로자의 12.4퍼센트였다. 하지만 2006년에는 5.7퍼센트로 줄어들었으며 그 숫자도 1993년 151만 9,000명에서 2006년 87만 3,000명으로 감소했다. 대기업 일자리는 그야말로 하늘의 별따기가 된 것이다. 이와 반대로 49인 이하 사업장에 취업한 노동자는 1993년 60.7퍼센트에서 2006년 67.9퍼센트로 늘었고 그 숫자도 1993년 743만 명에서 2006년 1,047만 명으로 증가했다.

결국 IMF 위기 10년 동안의 한국의 현실을 사회적 양극화, 즉 '양적 개선'이 '질적 악화'를 동반했다고 요약해도 무리가 없을 듯하다. 따라서 사람들이 왜 그렇

한국의 주택 보급률은 100퍼센트를 넘어섰지만 주택 보유율은 오히려 더 낮아졌다

IMF 위기 10년 동안의 한국의 현실을 사회적 양극화로 요약해도 무리가 없을 듯하다. 좋은 일자리가 없어지고 소득 불평등이 높아지는 현실에서 당장 먹고살 길이 막막한 사람들. 바로 한국의 자화상이다.

〈표 2〉 사업체 규모별 취업자 수 추이

(단위 : 천 명, %)

| 사업체 규모 | 1993 | 1996 | 1999 | 2002 | 2006 |
|---|---|---|---|---|---|
| 49인 이하 | 7,430 (60.7) | 8,711(62.2) | 8,706(67.4) | 10,120 (69.3) | 10,470 (67.9) |
| 50~299인 | 2,248 (18.4) | 2,597 (18.5) | 2,348 (18.2) | 2,703 (18.5) | 3,049 (19.8) |
| 300~999인 | 1,048 (8.6) | 1,245 (8.9) | 1,002(7.8) | 1,015(6.9) | 1,044 (6.7) |
| 1000인 이상 | 1,519 (12.4) | 1,453 (10.4) | 863 (6.7) | 770 (5.3) | 873(5.7) |
| 계 | 12,245 (100.0) | 14,007 (100.0) | 12,920 (100.0) | 14,608 (100.0) | 15,436 (100.0) |

출처 : 통계청, 《사업체 기초통계 조사 보고서》, 각 연도

게 불안감에 시달리는지도 설명할 수 있다. 좋은 일자리가 없어지고 소득 불평등이 높아지는 현실에서 당장 먹고살 길이 막막한 사람들. 바로 한국의 자화상이다.

# 2

## 사회적 양극화가 남긴 상처

**사회적 양극화가 지속된다면**

사회적 양극화 현상이 지속된다면 한국은 상당히 심각한 문제에 맞닥뜨리게 될 것이 불을 보듯 뻔하다. 무엇보다 내수가 살아나지 않아 경제 성장이 어렵다. 나쁜 일자리에 근무하는 사람들 혹은 비정규직 노동자들은 소비 능력이 낮고, 정규직으로 일하는 사람들도 고용 불안감에 시달린다. OECD 발표에 따르면 한국인의 고용 불안감이 전 세계에서 1위라고 한다. 정규직 혹은 괜찮은 일자리를 가진 사람들조차 언제 어느 때고 해고되거나 해고될 수 있다고 믿는 것이다. 이 때문에 사람들이 지갑을 닫고 소비가 위축되면 내수 진작이 어려워진다. 그렇잖아도 수출 의존도가 높아 세계 경기 변화에 민감한데 내수까지 줄어들면 한국 경제의 미래는 더욱 불투명해질 수밖에 없다.

다음으로 괜찮은 일자리가 곧바로 사회 보장과 이어지는 한국

### 국가(사회) 복지 시스템

스웨덴은 대표적인 국가(사회) 복지 시스템을 갖춘 나라로 사회민주당이 장기 집권하기 시작한 1930년대부터 분배 중시 동반 성장형 복지 모델을 발전시켰다. 취업 여부를 불문하고 전 국민을 대상으로 무상 교육, 자녀 수당, 주택 보조금, 유급 질병 보험, 실업 보험 등의 공공 복지를 시행한다. 그리고 이를 위한 정부의 공공 사회 지출 비중이 국내총생산(GDP)의 20퍼센트가 넘는다. 복지 재정을 충당하기 위한 국민 조세 부담률도 30퍼센트 이상으로 매우 높은 반면 소득 불평등 정도는 덴마크에 이어 세계 제2위로 매우 낮다. 많은 돈을 벌 수도 없지만 최저 수준 이하의 삶으로 고통 받지도 않는 것이다.

---

의 현실에서 괜찮은 일자리의 감소는 사회 보장의 혜택조차 받지 못하는 사람들을 늘리고 사회 불안을 키운다. 한국 사회에서는 괜찮은 일자리에서 오랫동안 일해야 생계를 유지하고 아이를 키우며 노년을 준비할 수 있다. 물론 괜찮은 일자리가 없거나 장기근속을 하지 않아도 국가가 기본적인 삶을 보장해주는 '국가(사회) 복지 시스템'을 갖춘 나라도 있다. 하지만 한국은 기업의 괜찮은 일자리에 장기 고용되어야만 먹고살 수 있는 '기업 복지 시스템'이다. 괜찮은 직장 특히 대기업에서는 자녀가 대학에 들어가면 자녀 학비를 지원해주거나 융자해주고 집을 구입할 때도 낮은 이자로 주택 대출을 알선해주기도 한다. 하지만 중소기업에서 근무하거나 직장이 없는 경우는 복지 혜택을 받지 못해 일자리가 부족한 경제 위기 시기에는 먹고살기가 더 힘들어진다. 심지어 의료 보험료까지 미납하는 사람도 있고 직장을 잃었을 때 실업 보험도 받지 못하는 사람이 열 명 중 일곱 명에 달한다.

연공서열 역시 기업 복지 관행이다. 과거 한국의 직장은 대부분 연공서열(연공급) 체계였다. 연공급이란 직장에 오래 근무할수록 자신의 능력이나 학력과는 상관없이 급여가 오르는 것을 의미한다. 대학을 졸업하고 첫 급여가 연봉 1,500만 원인 직장에 입사했다고 하자. 이 직장이 연공서열식 급여 체계를 따라 해마다 연봉이 5퍼센

스웨덴 시민들이 여가를 즐기는 모습. 국가 복지 시스템이 갖춰진 나라에서는 일자리에 상관없이 국가가 일정한 삶의 질이 보장되는 사회 서비스를 제공한다

트씩 오른다고 가정하면 10년이면 50퍼센트가 오르고 20년이면 100퍼센트가 된다. 여기에 임금 인상분과 그 밖의 수당, 자녀 학자금 혜택 등을 합하면 직장에 오래 근무한다는 것 자체가 삶의 질을 높이는 요인이다. 하지만 최근 이 같은 연공서열의 혜택을 입는 사람들은 전체 노동자 열 명 중 한두 명에 불과하다.

게다가 한국에서는 기업 규모별 임금 격차가 매우 크다. 종업원이 300명을 넘는 대기업과 100명이 안 되는 중소기업 간의 임금 격차는 두 배다. 대학을 졸업한 두 청년 중 한 명이 100인이 채 안 되는 중소기업에 취업해 첫 월급으로 100만 원을 받고, 다른 한 명은 300인이 넘는 대기업에 취업해 첫 월급으로 200만 원을 받았다고 해보자. 여기에 연공서열까지 고려하면 대기업에 취직한 사람과 중소기업에 취직한 두 사람의 10년 후의 미래는 천양지차이다. 따라서 큰 기업에 오래 근무할 수 있다면 괜찮은 일자리를 확보한 것이며, 이러한 일자리가 얼마나 많은가가 매우 중요하다.

괜찮은 일자리가 줄어들면 소비층이 줄어들 뿐만 아니라 교육비, 주거비, 양육비를 대기 어려운 사람이 늘어나게 된다. 더군다나 비정규직이나 규모가 작은 기업에 근무하는 사람들일수록 고용 보험, 의료 보험, 국민 연금의 가입 비율이 낮아져 실업이나 해고를 당했을 때 보호받기 어렵다.

특히 청년층은 곧바로 불이익을 당한다. 나쁜 일자리가 늘어나

괜찮은 일자리가 줄어들면 소비층이 줄어들 뿐만 아니라 교육비, 주거비, 양육비를 대기 어려운 사람이 늘어나게 된다. 더군다나 비정규직이나 규모가 작은 기업에 근무하는 사람들일수록 보험과 연금 가입률이 낮아져 실업이나 해고를 당했을 때 보호받기 어렵다.

면 대졸자마저 취업이 어려워지고 얻을 수 있는 일자리 역시 비정규직일 가능성이 높기 때문이다. 20대 청년 비정규직은 30대에도 비정규직으로 남아 있을 확률이 높은데, 30대 남성이 비정규직이면 소위 3불자三不者가 된다. 즉 아내가 없고, 저축 청약 통장이 없고, 자가용이 없다. 미래가 보장되어 있지 않은데다 급여마저 낮아서 안정된 가정을 꾸리기 어렵기 때문에 결혼을 하고 싶어도 할 수 없는 처지에 놓이는 것이다.

### 10년의 고통과 상처

하지만 더 큰 문제는 1997년 경제 위기가 진행되는 동안 국민이 겪은 고통이 남긴 상처가 여전히 아물지 않고 사람들을 좌절하게 한다는 것이다. 먼저 〈한국경제신문〉이 "IMF 시대 생활문화가 바뀐다"라는 제목으로 연재한 내용을 비롯 여러 매체에 소개된 경제 위기의 상처를 살펴보자.

> 발이 후들거린다. 하늘이 노랗고 몸에는 식은땀이 흐른다. 김 상무를 만나고 나온 이 모(38) 과장은 한동안 계단에 의지해야 했다. '대마불사' 신화를 믿고 대기업인 S사에 입사한 지 11년. 그에게도 마침내 정리 해고의 날벼락이 떨어졌다. 청춘을 바쳐 일해온 보답이 해고라니 왈칵 눈물이 쏟아진다.(〈한국경제신문〉)

박 모 씨(47). 그는 새벽 4시 남대문 지하도에 행인들의 발길이 잦아지면 눈을 뜬다. 콘크리트 바닥 위에 깔아놓은 돗자리를 개어 배낭에 달아놓고 서울역으로 자리를 옮긴다. 아침은 구호 단체에서 끓여주는 라면. 라면을 먹고 나면 공원 벤치에 우두커니 앉아 있거나 지하철을 타고 시간을 보낸다. 몇 달 전만 해도 번듯한 중소기업 사장이었던 그가 노숙자로 전락한 것은 거래처 부도 탓에 대금으로 받은 어음이 휴지 조각이 돼버렸기 때문. 회사 부도를 막기 위해 사방팔방으로 뛰었지만 허사였다. 요즘 박 씨는 '바보가 된 느낌'이다.(《한국경제신문》)

국내 굴지의 광고 회사에 다니는 김 모 씨(45). 그는 오늘도 정신과 의사를 찾는다. 병명은 우울증. 의욕에 넘쳤던 김 씨가 우울증에 걸린 것은 두 차례나 '자를' 후배의 살생부를 자신의 손으로 만들고 나서부터다. 당시 며칠 동안 사표를 던져버릴까도 생각했다. 그렇지만 자기 하나만 보고 사는 처자식 때문에 결국 손에 '피'를 묻히고 말았다. 그때 쫓겨난 후배들의 원망 어린 눈초리를 생각하면 지금도 자다가 벌떡 일어나곤 한다.(《한국경제신문》)

이처럼 다니던 직장에서 갑작스럽게 해고되거나 운영하던 회사가 무너지자 가정이 흔들렸다. 이혼, 가정 폭력은 물론이고 아이들이 길거리에 내버려졌다.

외환 위기의 색깔은 회색이다. 모든 것을 태워버리고 남은 잿빛이다. 외환 위기는 우선 가정을 불태웠다. 남편 몰래 바람을 피우고 노모를 버리고 아버지를 죽이고……. 당시 신문과 방송에는 이런 가정 파괴 사건이 하루가 멀다고 소개됐다. 우선 가정 폭력이 증가했다. 당시 신문을 보면 우리나라 부부 가운데 34.1퍼센트가 일 년에 적어도 한 차례 이상의 부부 폭력을 경험하고 있는 것으로 돼 있다. IMF 파고가 최고조에 이르던 1998년 7월에 가정폭력방지법이 발효된 것은 이런 시대상을 반영한 것으로 보인다.(CBS 특별취재팀)

주부 매춘도 심심치 않게 적발됐다. 자식의 과외비를 벌기 위해 몸을 팔았다는 주부부터 갓난아이 분유 값을 위해 밤에 집을 나선다는 새댁까지.(CBS 특별취재팀)

부모로부터 버림 받은 어린아이들도 적지 않았다. 생활비도 없는 판에 놀이방에 보낼 돈이 없는 부모, 특히 편부모가 아이들을 잠시 보육원에 맡겨뒀다가 발길을 끊는 방식이다. IMF 당시 한 보육원에서는 수용된 어린이의 75퍼센트가 부모가 있는 '고아 아닌 고아'였던 것으로 조사됐다. 자식을 고아로 만드는 것을 대수롭지 않게 생각하는 심장도 염치도 없는 부모가 늘었던 것이다. 치매에 걸린 나이든 어머니나 아버지를 버리는 것은 이에 비하면 대수롭지도 않은 사건이었다.(CBS 특별취재팀)

케테 콜비츠, 〈폭동〉(1897)

하지만 일제 식민지 통치와 한국전쟁을 겪고도 1980년대에는 아시아의 네 마리 용으로, 2000년대에는 붉은 악마로 떠오른 한국인들의 선택지가 이뿐일까. 또 다른 시나리오도 있지 않을까. 쉽지는 않겠지만 새로운 길을 만들어보려는 노력조차 포기할 수는 없다. 과거와 현재의 대화, 바로 그것이 네 번째 시나리오의 시작이다.

《역사란 무엇인가》
카는 이 책에서 역사를 고정 불변하는 과거의 기록이 아니라 역사를 바라보는 사람들의 시대적 위치와 미래에 대한 문제의식을 통해 재구성되는 것으로 보는 상대적인 역사관을 피력했다.

---

　이런 고통을 감수하고 경제 위기를 넘어섰다. 그런데 그 후 10년간 경제 위기 이전보다 나아지기는커녕 더 나빠졌다면 사람들은 어떤 반응을 보일까. 또 그렇게 해고된 부모를 지켜본 아이들은 어떤 교훈을 얻었을까.

　첫 번째 가능한 시나리오는 애정, 연민, 연대, 우애와 같은 가치를 폐기해버리고 오로지 살아남기 위해 전쟁을 하는 것이다. 두 번째 가능한 시나리오는 독재에 대한 추억이다. 그래도 박정희 시대가 좋았다는 수십 년 전의 멜로디를 계속 틀어댈 수 있다. 세 번째 시나리오는 자포자기나 현실도피다.

　하지만 일제 식민지 통치와 한국전쟁을 겪고도 1980년대에는 아시아의 네 마리 용으로, 2000년대에는 붉은 악마로 떠오른 한국인들의 선택지가 이뿐일까. 또 다른 시나리오도 있지 않을까. 쉽지는 않겠지만 새로운 길을 만들어보려는 노력조차 포기할 수는 없다. 과거와 현재의 대화, 바로 그것이 네 번째 시나리오의 시작이다.

　역사학자 카Edward Hallett Carr는《역사란 무엇인가》에서 역사를 "현재와 과거의 끊임없는 대화"라고 요약한 바 있다. 왜 IMF 경제 위기 및 그 후 10년 동안의 한국의 자화상은 사회적 양극화로 나타난 것일까? 경제가 성장을 해도 빈곤층이 늘어나는 이유는 무엇일까? 나아가 사회적 양극화를 극복하기 위해 필요한 것은 무엇인가? 이러한 질문을 통해 그보다 더 과거로까지 시곗바늘

에드워드 카

을 돌려서, 또한 한국이라는 공간을 넘어 세계의 상황을 살펴보는 것이 네 번째 선택지이다. 그것은 오늘의 경제 위기와 사회적 위험이 10년 전, 20년 전 혹은 30년 전의 경제 및 사회 상황과 끊임없이 영향을 주고받으며 진행된다는 사실을 깨닫는 과정이다. 더불어 우리가 과거의 역사로부터 완전히 자유로울 수는 없지만 동시에 과거가 우리의 현재를 100퍼센트 결정하는 것도 아니라는 점을 알아가는 과정이자 대안을 찾는 출발점이다.

우리는 이 같은 대화의 과정을 통해 과거의 문제를 재조명하고 과거의 어두운 그림자를 줄이는 동시에 현재와 미래를 재구성할 수 있다. 10년 전의 경제 위기 혹은 수십 년 전의 사회 상황은 굳어버린 과거가 아니라 진행 중인 현실이며, 바꾸기 매우 어렵지만 노력하면 바꿀 수 있는 살아 숨 쉬는 과거라는 사실을 의미한다.

물론 네 번째 시나리오는 아무런 성과도 낳지 못할 수 있다. 브뤼겔Pieter Bruegel의 작품 〈이카로스의 추락이 있는 풍경〉 속 이카로스처럼 거의 보이지 않는 흔적으로 그칠 수도 있다. 최영미 시인은 《시대의 우울》에서 이 작품을 처음 봤을 때의 당혹스러움을 이렇게 표현했다.

도대체 어디 숨었나? 아무리 찾아보아도 한 소년이 사라진 자취가 보이지 않는다……숨은 그림을 찾듯 샅샅이 캔버스를 뒤진 뒤에야

### 구로 동맹 파업

1985년 6월 대우어페럴 노조 간부 세 명 구속, 여덟 명 불구속 입건에 의해 촉발된 연대 파업으로 20대 여성 노동자들이 주축이 되어 이끌었다. 당시 최소 7개 업체 노동 조합이 연대 파업을 했고 민주통일민중운동연합 등 22개 단체에서 지지 농성을 벌였으며, 학생 운동 역시 적극적으로 지지 시위를 하는 등 독재 정권의 간담을 서늘하게 한 최초의 연대 파업으로 기록된다.

피터 브뤼겔, 〈이카로스의 추락이 있는 풍경〉(1555)

겨우 그 몸의 일부를 발견했다. 오른쪽 하단에 수면 위로 삐죽 솟은 것이 발버둥치는 인간의 다리 같다……농부, 양치기, 어부―전경에 등장하는 이 세 인물 가운데 어느 한 사람은 풍덩 물에 빠지는 소리를, 살려달라는 외침을 들었으련만 태평스레 자기 일에만 몰두할 따름이다. 낚시꾼은 바로 코앞에서 소년이 물에 빠졌는데 쳐다보지도 않는다. 이카로스처럼 제아무리 특별한 인물일지라도 개인의 운명에 대해 철저하게 무관심한 세계.

1985년 구로 공단에서 동맹 파업이 진행되던 때. 현장을 지켜보고 몇 시간 후 신촌에 들른 나는 브뤼겔의 이카로스의 추락을 경험하는 느낌이었다. 젊은 노동자들은 절규하는데 도시의 일상은 너무나 평온해 보였기 때문이다. 하지만 그것은 내 착각이었다. 바로 2년 후 거대한 민주화의 파도가 한국 사회를 바꾸었으니 말이다.

네 번째 시나리오는 다음과 같은 질문으로 시작된다. 왜 한국 사회는 1997년 발생한 경제 위기 이후에 이처럼 어두운 자화상을 갖게 된 것일까? 1997년 경제 위기만을 유독 'IMF 위기'라고 한다는 사실에 혹 그 답이 있는 것은 아닐까? IMF는 무엇이고 한국의 어두운 자화상과 어떤 연관이 있을까?

> 깊이
> 읽기

## 사회적 양극화를 보는 두 가지 시각

학자마다 사회적 양극화를 바라보는 입장이 다른데, 크게 사회적 양극화는 자본주의 사회의 필연적이고 구조적 현상이라는 견해와 일시적 현상이라는 견해로 나뉜다. 마르크스Karl Marx는 자본주의 경제 구조가 사회를 두 개의 계급 즉 자본가와 노동자로 나누고 부익부 빈익빈을 심화하며 양자 간의 화해할 수 없는 갈등을 낳아 결국 사회를 멸망시킨다고 주장한다. 이 주장에 동의하지 않는다 하더라도 양극화나 비정규직 증가는 시장의 실패에 따른 것이기 때문에 국가의 개입이 필요하다는 입장이 존재한다. 제도주의 경제학이나 갈등주의적 사회학이 대표적이다.

반면 시장이 '보이지 않는 손'을 강조하는 경제학의 전통과 기능주의적 사회학에서는 사회적 양극화를 부정하거나 인정하더라도 일시적 현상이라고 강조한다. 양극화나 비정규직은 국가 개입이나 규제와 같은 자유로운 시장 질서의 왜곡 등에 의해 발생한 것이라서 경제 성장률이 높아지고 자유로운 시장 질서가 확립되면 해결된다는 것이다.

따라서 양자의 해결책은 매우 다르다. 전자의 경우 정부의 적극적인 소득 분배 정책과 '규제 강화'를 강조하지만 후자는 반대로 '규제 완화' 등 기업의 투자를 촉진하는 정책을 요구한다. 시장 실패냐 국가 실패냐, 성장이냐 분배냐 하는 오랜 논쟁이 계속되어온 것도 이와 같은 맥락에서 이해할 수 있다.

# 3장

세계화와 IMF

# 1

## IMF의 빛과 그림자

### 두 가지 IMF

한국에서 IMF는 '1997년 경제 위기'를 의미한다. 〈디워D-WAR〉로 네티즌과 평론가들의 관심 대상이 된 심형래 감독이 경제 위기가 한창이던 1999년에 개봉한 영화 〈용가리〉를 보면 용가리가 불을 뿜으며 마구 부수는 건물 간판에 큼직하게 IMF라고 적혀있다. 경제 위기가 계속되던 당시의 사회상과 그것을 빨리 넘어서려는 사람들의 마음을 반영한 것일 테다.

또 한국 사회에서는 IMF를 '1997년 경제 위기'가 아니라 '경제 위기'라는 보통 명사로도 사용한다. 경제 성장률이나 고용률이 조금이라도 나빠졌을 때, 청년 실업자가 많아졌을 때, 또 고령자가 늘어나고 여성들이 아이를 적게 낳는 현상까지 IMF와 연관시키기 때문이다. 얼마 전에는 대운하 건설을 반대하는 대학 교수들이 "비효율적 투자로 제2의 IMF가 일어나지 않을까 우려

> **세계은행(IBRD)**
> 정식 명칭은 국제부흥개발은행. 1944년의 브레턴우즈 협정에 기초해 1946년 6월에 발족한 국제 금융 기관으로, 회원국의 경제 부흥과 개발 촉진을 목적으로 설립되었다. 초기에는 제2차 세계대전의 전후 복구를 위해 기금을 조성했으나 현재는 개발도상국의 경제 발전을 위한 융자에 주력하고 있다. 융자액의 상당 부분을 협조 융자 방식으로 지원하는데, 각국의 자본 불입금과 수출 신용, 상업 차관 등으로 재원을 마련한다. 우리나라는 1955년에 가입했다.

된다"고 했고, 라면 값이 100원이나 오르자 민심이 출렁댄다는 기사 말미에는 "IMF 당시 모든 경제 지표가 아래쪽을 향할 때 유독 성장세를 보인 것이 라면이었다"고 덧붙여 놓았다. 어쨌거나 우리 사회에서 '1997년 경제 위기' 혹은 '경제 위기'가 IMF의 첫 번째 의미인 것은 분명하다.

하지만 IMF는 경제 위기의 영어 약자가 아니다. 경제 위기는 economic crisis 혹은 financial crisis이다. 인터넷에 IMF를 검색하면 "1944년 체결된 브레턴우즈 협정에 따라 1945년에 설립되어, 1947년 3월부터 세계은행International Bank for Reconstruction and Development(IBRD)과 함께 업무를 개시한 국제통화기금International Monetary Fund(IMF)의 약자"라는 설명이 나온다. 이것이 IMF의 두 번째 의미다.

IMF는 2007년 기준 185개 회원국이 가입한 국제기구이며 본부는 미국 워싱턴에 있다. 개인이나 기업이 아니라 국가(정부)에 돈을 빌려주고 경제 문제를 지원하는 특수한 국제은행 혹은 대출 기구다. 1997년 경제 위기 때 한국 정부가 IMF의 구제 금융을 받을 수 있던 것도 한국이 IMF 회원국이기 때문이다. 이 글에서는 IMF를 두 번째 의미로 사용할 것이다. 따라서 첫 번째 의미의 IMF는 1997년 경제 위기로 풀어 쓴다.

그런데 왜 한국에서는 경제 위기와 IMF를 곧바로 연관 지을까? 물론 1997년 경제 위기 시기에 IMF로부터 구제 금융을 받은

워싱턴 D.C.에 있는 IMF 본부 건물

IMF의 존립 자체가 경제 위기와 사회적 위험을 전 세계로 확산하는 데 중요한 역할을 했다는 비판이 있다. 즉 한국의 경제 위기 발생 원인의 상당 부분이 IMF로 대변되는 세계 기구와 세계 체제에 있다는 지적이다. 이 때문에 1997년 한국의 경제 위기를 IMF와 직접 연결하는 것이다.

구제 금융
일반적으로 기업이 도산해 국민 경제에 심각한 악영향을 미친다고 판단될 때 기업이 망하는 것을 방지할 목적으로 금융 기관이 기업에 융자해주는 자금(돈)을 말한다. 국제적으로도 마찬가지이다. 특정 국가가 외환 위기를 맞을 경우 국제통화기금(IMF)으로부터 구제 금융을 받는데, 이를 'IMF 구제 금융'이라고 한다.

---

탓이지만, IMF의 존립 자체가 경제 위기와 사회적 위험을 전 세계로 확산하는 데 중요한 역할을 했다는 비판이 있다. 즉 한국의 경제 위기 발생 원인의 상당 부분이 IMF로 대변되는 세계 기구와 세계 체제에 있다는 지적이다. 이 때문에 1997년 한국의 경제 위기를 IMF와 직접 연결하는 것이다.

이 같은 문제 제기는 그리 낯설지 않다. 미국의 인권 단체 글로벌 익스체인지의 공동 설립자인 케빈 다나허Kevin Danaher는 IMF와 세계은행을 가리켜 거대 기업의 자유 시장 논리를 선전하는 가장 영향력 있는 집단이라고 말한 바 있다. 두 기구가 소수에게 막대한 이익을 주고 다수에게 손해를 입히는 구조 조정을 단행하도록 전 세계에 강제한다는 것이다. 미국 클라크 대학의 교수와 연구자들은 IMF, 세계은행, 세계무역기구를 사악한 혹은 불경한 삼위일체라고 부르기도 한다.

케빈 다나허

더불어 공식 기구인 이 조직의 실제 활동이 은폐되거나 너무 비밀스럽다는 지적도 있다. 2006년에 세 번째 시리즈가 개봉된 영화 〈미션 임파서블Mission Impossible〉에서 미국 버지니아 주 교통국 산하기관으로 위장하고 비밀 공작원에게 지시를 내리는 기관의 이름이 바로 IMF이다. 영화에서는 IMF가 미 중앙정보국CIA 산하의 비밀 작전 팀으로 그려진다. 그런데 이때 IMF는 불가능한 임무를 해결하는 기관Impossible Mission Force의 약자라는 점에서 국제기구인 IMF와는 다르다. 그러나 종종 IMF를 비유할 때 이 같은 비밀 기구와 연관 짓기도 한다.

그렇다면 IMF는 한국의 경제 위기와 어떤 관련이 있을까? 이를 살펴보려면 IMF가 설립된 배경, 활동 목적, 활동 방식 등을 좀 더 자세하게 검토할 필요가 있다.

### IMF의 목적과 역할

앞서 IMF가 국제 대출 기구 혹은 특수한 국제은행이라고 설명했다. 하지만 우리가 흔히 생각하는 은행과는 차이가 있다.

우선 일반 은행과 달리 회원국이 구성하는 기관이다. 1년에 한 차례 열리는 총회가 최고 회의지만 평상시에는 24개국 대표로 구성된 상임 이사회에서 주요 안건을 논의, 결정한다. 상임 이사국 24석 중에서 8석은 자동으로 결정되는데 미국, 영국, 독일, 프랑스, 일본, 중국, 러시아, 사우디아라비아다. 나머지 회원국을 지역 그룹별로 묶어 대표국을 정하고 그 대표국이 16개 이사국이 된다. 한국은 1955년에 가입했으며 다섯 번째 그룹에 속하는데 이 그룹의 대표 나라는 오스트레일리아다.

IMF는 은행보다는 주식회사와 비슷한 점이 더 많다. 주로 회원국이 내는 납입금으로 재원을 충당하며 주식회사처럼 납입 금액의 비율(쿼터 납입금)에 따라 발언권이 다르기 때문이다. 즉, 돈을 많이 낸 나라일수록 발언권이 크다는 점에서 철저하게 경제

> IMF가 일반 은행과 결정적으로 다른 점은 돈을 빌리는 나라와 협의해 그 나라의 경제 정책에 개입하며 필요할 때는 자금을 즉각 지역 경제에 투입함으로써 해당 국가의 자본주의적 경제 발전 혹은 확립을 꾀한다는 사실이다.

---

적 힘의 원리로 운영된다고 할 수 있다. 돈이 말을 하는 것이다.

납입 비율로 보면 최대 주주는 미국(17퍼센트)이고, 일본과 독일(6퍼센트), 프랑스와 영국(각각 5퍼센트) 순이다. 미국의 영향력이 매우 크다는 점에서 IMF를 미국이 지배하는 세계 질서를 유지하는 경제 기구로 보기도 한다. 본부가 미국의 워싱턴에 있다는 사실도 미국의 영향력을 상징적으로 보여준다.

IMF가 일반 은행과 결정적으로 다른 점은 돈을 빌리는 나라와 협의해 그 나라의 경제 정책에 개입하며 필요할 때는 자금을 즉각 지역 경제에 투입함으로써 해당 국가의 자본주의적 경제 발전 혹은 확립을 꾀한다는 사실이다. 때문에 IMF에 가입하거나 IMF로부터 돈을 빌리는 나라들은 자본주의 국가이며, 처음에는 아니었다 하더라도 자연스럽게 자본주의 국가가 되어 자본주의 국가들 간의 공동체에 편입된다.

일반 은행은 돈을 빌려주지만 그 돈을 어디에 어떻게 써야 하는지 시시콜콜 간섭하지 않는다. 갚겠다는 날짜에 맞추어 원금과 이자를 되돌려 받으면 된다. 하지만 IMF는 돈을 주는 대신 이행 조건을 내세우는데, 가장 표준이 되는 프로그램은 ①외환과 수입 통제의 철폐 혹은 자유화 ②환율 평가 절하 ③긴축 재정 등을 통한 인플레이션 방지 ④해외 민간 투자의 적극 유치 등이다.

이 같은 표준 프로그램을 이행할 경우, 구제 금융을 받은 해당 국가는 자본주의 시장에 훨씬 더 깊숙이 들어오게 된다. 자유화와 세계화에 완전히 노출되는 것이다. IMF의 정책이 185개 회원국 경제에 직접 영향을 미치고 때로는 재앙에 가까울 정도로 세계 대다수 민중의 삶에 영향을 미친다고 평가하는 것도 이 때문이다.

더군다나 IMF는 함께 만들어진 IBRD와는 기능이나 목적이 다르다. IMF가 한국의 중앙은행과 같은 국제은행의 성격을 지닌다면 IBRD는 개발도상국에 장기간 자금을 지원해주는 것이 주요한 목적이기 때문이다.

요약해보면 IMF는 자본주의 국가 간의 경제 공동체를 유지하고 문제를 해결하며 공동체의 활성화를 도모하는 국제은행과 같은 성격의 금융 기관이다. 또한 회원국의 경제 위기 등 금융 문제가 생겼을 때 구제 금융의 형태로 돈을 지원하고 문제를 해결할 수 있도록 적극 나선다. 그리고 미국은 IMF에서 무시할 수 없는 영향력을 행사한다.

긍정적으로 보자면 IMF는 위기 해결사인 셈인데 할리우드 영화에 나오는 미국의 영웅 이미지와 비슷하다. 할리우드 액션 영화에서 국가의 위기 해결이라는 불가능한 임무impossible mission를 맡고 분투하는 영웅을 우리는 익숙하게 보아왔다. 그런 점에서 IMF를 불가능한 임무를 해결하는 기관, 즉 Impossible Mission Force로 표기한 〈미션 임파서블〉은 의미심장하다.

하지만 IMF 구제 금융을 받아들일 경우 경제적 측면에서 국가

> IMF 구제 금융을 받아들일 경우 경제적 측면에서 국가의 독립성이 크게 훼손되고, 최근 한국 사회의 양극화 현상 역시 그 대가라는 비판도 무시할 수 없다.

의 독립성이 크게 훼손되고, 최근 한국 사회의 양극화 현상 역시 그 대가라는 비판도 무시할 수 없다. 물론 이 같은 비판을 쉽게 받아들이기는 어렵다. 한국은 수출 의존도가 워낙 크고 많은 부분이 미국과 연계되어 있기 때문에 미국 경제가 재채기를 하면 한국 경제는 독감에 걸린다는 우스갯말이 이미 널리 알려져 있다. 구제 금융을 받기 전부터 한국 경제는 미국에 크게 의존하고 있었던 만큼 IMF 구제 금융 때문에 의존도가 더 커졌다고 할 수 있을지 의문이다.

또한 IMF의 지원이 발휘한 효과를 생각한다면 은혜를 모르는 문제 제기라고 할 수 있다. 사실 1997년 경제 위기는 한국의 힘만으로는 벗어날 수 없는 국가 부도 사태였다. 일본의 식민지통치는 역사책 속의 과거일 뿐이지만, 당시의 경제 위기는 눈앞에서 벌어진 현실이었다. IMF 구제 금융이 없었다면 한국이 회생할 수 있었을지, 회생하더라도 얼마나 시간이 걸렸을지 상상하기 어렵다.

더군다나 IMF 구제 금융의 규모를 생각해보면 더욱 불경한 비판으로 여겨진다. 한국 정부가 IMF의 지원을 받겠다고 결정한 뒤 IMF를 포함한 여러 기관과 나라에서 한국에 들어온 구제 금융은 최소 570억 달러로, 55조 원이 넘었다. 1998년 한국의 총지출이 115조 원이었으니 총지출의 50퍼센트에 이르는 돈을 지원받은 셈이다.

### 부실 기업 매각과 외국 자본 개방

IMF가 구제 금융을 제공하는 대가로 한국 정부에 부실 기업 매각과 외국 자본 개방을 요구한 결과 단기적·일시적으로 수익성이 악화된 기업이나 은행까지 싼값으로 외국 투자자에게 팔렸다. 또한 투기성 자본을 포함한 외국 자본이 자유롭게 들어오고 나가는 것이 가능해졌다. 결국 기업은 안전한 저투자를 채택하고 상시적인 구조 조정과 비정규직 활용 등 고용 불안이 확대되었으며 구매력 약화에 따른 소비 제약으로 내수의 비중이 떨어지는 부정적 결과를 낳았다. 경제의 저성장 구조가 정착된 것이다.

〈표 3〉 IMF 및 선진국의 한국에 대한 자금 지원(1998년 12월 기준)

(단위 : 억 달러)

| 구분 | 국제 기구의 지원 | 다른 나라의 지원* |
|---|---|---|
| | IMF : 210<br>World Bank : 100<br>ADB** : 40 | 일본 : 100<br>미국 : 50<br>캐나다, 호주 : 각각 10<br>독일, 영국, 이탈리아, 프랑스 : 각각 12.5 |
| 총계 | 350 | 220 |

\* 그밖에 벨기에, 네덜란드, 스위스, 스웨덴 등이 지원 의사를 밝혔으나 금액과 시기는 미정
\*\* ADB는 아시아(아프리카) 개발 은행Asian(African) Development Bank의 약자
출처 : 대외정책경제정책연구원, 1999년 자료

하지만 그 돈이 눈먼 돈이 아니며 투입한 것 이상의 이익을 남긴다는 사실을 간과해서는 안 된다. IMF는 자선 행위를 한 것이 아니다. 구제 금융을 주는 대가로 IMF가 얻는 이득은 막대하며 한국은 대가를 치러야 했다. 바로 이 지점에서 IMF에 대한 비판이 설득력을 가진다.

한국 정부는 IMF 구제 금융을 받는 대가로 부실 기업 및 금융 기관에 대한 매각과 외국 자본에 대한 개방에 동의해야 했다. 상대적으로 수익률이 높은 공기업과 독점 대기업, 은행 등이 외국인 손으로 넘어가거나 외국인 주주의 지분이 높아졌다. 그 결과 수익의 상당 부분이 외국인, 외국 자본에 돌아가게 되었다. 외국 자본의 입장에서 보면 구제 금융으로 말미암아 새로운 시장, 영원한 시장이 개척된 것이다. 반대로 한국의 입장에서는 아무리

수출하고 돈을 벌어도 그 이득이 국내로 흡수되는 비중이 떨어지게 된다. 수출과 내수의 상호 연계의 약화, 떡고물이 사라진 것, 이것이 한국이 부담해야 할 대가였다.

따라서 고통을 겪고 책임을 진 것은 한국인인데 외국 자본과 국내 대기업이 그 과실을 가져간 셈이다. 예를 들어 한국의 많은 은행은 공공의 성격을 띤다는 특성 때문에 1997년 경제 위기 때 천문학적인 공적 자금이 투입되었고 그 자금은 국민의 세금이었다. 국민은 금 모으기 운동으로 외환 위기 극복에 참여했다. 또한 강도 높은 구조 조정과 실직을 감수하며 허리띠를 졸라맸다. 그런데 위기 극복 후 경제적 성과는 국민에게 돌아가지 않았다. 국민은 고통의 대가를 보상받지 못했고 일부를 제외하면 오히려 더욱 불안정한 삶으로 내몰리게 되었다.

더군다나 IMF 구제 금융에 의존해 경제 위기를 극복할 수밖에 없다는 것, 즉 다른 대안이 없다는 것이 IMF로 대변되는 세계 체제의 효과라고도 할 수 있다. IMF는 위기 해결사인 동시에 위기를 조장하고, 병을 주는 동시에 약도 준다는 것이다.

무엇이 사실이며 어디까지가 진실일까? 이 질문에 답하려면 IMF가 탄생하고 자본주의 세계 체제가 재구성된 시점, 즉 제2차 세계대전 직후로 되돌아갈 필요가 있다.

# 2

## IMF의 탄생

### 브레턴우즈 체제와 고정환율제

지금부터 IMF로 시간 여행을 떠나보자. IMF(경제 위기)에서 또 다른 IMF(국제기구)로 떠나는 시간 여행, IMF를 넘어선 귀환, 이 것이 이번 시간 여행의 목적이다.

첫 번째 도착한 곳은 제2차 세계대전이 끝날 무렵인 1944년이 다. 전쟁으로 부서지거나 불에 타 겉게 그을린 건물들, 구호 식 품을 받기 위해 길게 줄을 선 사람들, 아직도 총과 대포 그리고 비행기 소리에 깜짝깜짝 놀라 는 어린이들의 불안한 얼굴. 그러나 전쟁과 더불어 떠올리 기 마련인 이런 어두운 모습 은 잠시 거둬내자. 제2차 세 계대전 당시 공습이나 폭격의

브레턴우즈 협정이 맺어진 마운트워싱턴 호텔

### 화이트와 케인스

브레턴우즈 회의 당시 모인 경제학자와 정책 담당자들을 대표하는 인물이 미국의 화이트와 영국의 케인스이다. 두 사람은 자국의 입장을 대변하며 날카롭게 대립했는데, 케인스가 전후 복구를 위해 국제청산동맹 창설과 세계 화폐 발행 등을 주장한 반면 화이트는 세계 금융 시스템의 안정을 위해 달러를 기축 통화로 하면서 회원국의 쿼터로 기금을 조성하는 안정화 기금 창설을 주장했다. 케인스는 국제 유동성 공급 부족과 국제 수지 불균형을 우려해 화이트의 제안을 반대했지만, 결국 회의는 전후 채권자로서의 미국의 입장을 반영해 세계 금융 시스템을 건설하고 IMF를 창설하는 데 합의했다.

---

피해 없이 오히려 풍족함과 자신감으로 가득 찬 미국이 우리가 도착한 곳이기 때문이다.

1944년 미국의 한적한 휴양지 브레턴우즈의 마운트워싱턴 호텔에 미국, 영국 등 제2차 세계대전 승전국의 경제학자와 정책 담당자들이 모였다. 여기서 전후 새로운 세계 금융 질서로 달러를 기준으로 한 '고정환율제fixed exchange rate system'가 논의되었고, 이 금융 질서를 유지하기 위한 기구로 IMF 창설이 검토되었다. 역사책에서는 이 회의 결과 만들어진 세계 질서, IMF의 뿌리를 브레턴우즈 체제라고 한다. 브레턴우즈 체제는 '금'을 기준으로 한 고정환율제에서 '달러'를 기준으로 한 고정환율제로의 세계적 전환 혹은 주요 강대국 간의 합의라고 정리할 수 있다. 그리고 IMF는 달러 중심의 고정환율제를 규제하고 감독하는 기구다.

그렇다면 고정환율제란 무엇일까? 국내 거래든 국제 거래든 거래에는 반드시 화폐(돈)가 필요하다. 그런데 나라마다 돈의 형태와 가치가 다르기 때문에 국제 거래가 어렵다. 1달러와 1엔과 1원의 각각 다른 화폐를 사용하는 사람들 사이에서 거래가 가능하려면 어떤 방법이 있을까? 해결책은 그다지 어렵지 않다. 예를 들어 1달러=100엔=1000원이라고 교환 비율, 즉 환율을 합의하면 된다. 이 같은 합의 방식 중 하나가 고정환율제도다.

브레턴우즈 회의 당시의 화이트와 케인스 (왼쪽부터)

IMF 위기

브레턴우즈 체제는 '금'을 기준으로 한 고정환율제에서 '달러'를 기준으로 한 고정환율제로의 세계적 전환 혹은 주요 강대국 간의 합의라고 정리할 수 있다. 그리고 IMF는 달러 중심의 고정환율제를 규제하고 감독하는 기구다.

---

고정환율 제도란 환율을 일정 수준에 고정하는 것을 말한다. 물론 1970년대에 전 세계적으로 고정환율 제도를 포기하고 변동환율 제도flexible exchange rate system를 채택했기 때문에 지금은 매일매일 다른 나라의 돈과 원화의 교환 비율이 바뀌는 것을 확인할 수 있다. 고정환율 제도에는 두 가지 형태가 있는데 금을 기준으로 고정한 것을 금본위 제도라고 하며 브레턴우즈 체제 이전에는 전 세계적으로 금본위 제도가 채택되었다. 금본위 제도에서는 금 함유량을 기준으로 통화의 가치가 정해지므로 환율은 금을 통해 고정된다. 당시에는 왜 금본위 제도였을까?

12~13세기부터 국제 무역이 성행하면서 다양한 상품을 사고팔 때 기준이 되는 화폐가 필요했다. 이때 가장 손쉬운 방식이 일정한 무게를 가지고 이동이 가능하며 어디서나 발견할 수 있는 공통의 재화, 즉 금으로 화폐를 만들고 금의 함유량을 기준으로 화폐의 가치를 정해 이동하는 것이었다. 금화, 은화 등은 금의 함유량을 나타내는 화폐 명칭이다.

금본위제에서 각국의 통화는 그 나라의 중앙은행에서 보유하는 금의 양을 근거로 삼는다. 통화량은 적어도 이론적으로는 금으로 바꿀 수 있으며 이 금은 아무런 제약 없이 국경을 넘는다. 한마디로 금을 기준으로 자유롭게 돈과 자본이 흘러넘쳤고, 넘나듦이 적절하게 조정되었다. 이 조정을 가능하게 한 것이 영국의 역할이다. 많은 국가들이 국제 거래를 되도록 줄이고 국내 거

### 팍스 브리태니카

영국이 세계 패권 국가로 세력을 떨치던 시기 또는 당시의 체제를 일컫는 말이다. 영국은 18세기의 산업혁명을 바탕으로 산업 자본주의의 기틀을 다지는 한편 제국주의적 식민지 정책을 펼침으로써 19세기에 이르면 세계 전역에 식민지를 확보하는 등 대영제국의 황금기를 구가한다. 그러나 1900년대 이후 신흥 강대국들이 등장하면서 영국의 영향력은 줄어들고 제2차 세계대전 이후에는 패권국의 지위를 미국에 넘겨주게 된다.

---

래에 힘을 쏟는 이른바 보호 무역으로 돌아서면, 돈과 재화가 자연스럽게 흘러넘치지 않게 된다. 즉 자유 무역을 하면 이익이 된다는 사실이 보증되어야 했는데, 이를 보증한 것이 영국이다. 영국은 최대의 수입국이자 중요한 농산물 시장으로서 자본주의 세계 경제를 부양했다. 팍스 브리태니카Pax Britanica. 이것이 바로 금본위제를 가능하게 한 힘이자 그 같은 체제를 함축하여 부른 이름이다.

그런데 제1차 세계대전을 겪으면서 영국이 중심에 있던 금본위제가 무너졌다. 전쟁 직후 자본주의 세계 경제와 각국은 매우 어려운 시기에 접어들었다. 각 나라는 막대한 전쟁 비용을 짊어졌고 영국 역시 예외가 아니었다. 영국은 이제 국제 경제 부양에 주력할 수 없었다. 자국 경제를 살리고 지탱하는 것도 힘에 겨웠기 때문이다. 모든 국가는 자유 무역보다 자국의 생산을 보호하는 데 온 힘을 기울였고 국내 경제를 일으키고자 금과 화폐의 일정 비율의 교환(태환)을 정지했다. 심지어 1931년에는 영국마저 금본위제를 폐기했다.

각국 정부는 태환할 수 없는 종이돈을 찍어내어 국내 경제를 활성화하려 했지만 이는 통화 가치를 떨어뜨렸다. 그 결과 엄청난 규모의 인플레이션과 실업이라는 대가를 치러야 했다. 또한 자본주의 국가 내부에서는 파시즘이 꿈틀거렸고, 한편에서는 급격하게 산업화된 소련을 중심으로 일부 국가가 자본주의 세계 경제로부터 벗어났다. 자본주의 정부들은 경제적 재앙을 줄이고 동시에 공산주의 및 파시즘이라는 외부 위협으로부터 자본주의 체제의 헤게모니를 지켜야 했다.

물론 당시에도 자유 무역의 회복과 국제 협력에 관한 논의가 있었다. 예를 들어 1933년 66개국이 참가한 영국 런던에서 열린 세계 경제회의는 각국 정부에 예산 균형, 재화와 자본의 자유로운 이동과 함께 금본위제로 회귀할 것을 요구했다. 또한 금본위제 복원을 위한 미국의 노력을 적극 촉구했지만 회의는 성과 없이 끝났다. 영국은 감당할 수 없는 전쟁 부채를 졌고 미국은 아직 책임을 질 만한 마음의 자세가 되지 않았기 때문이다.

### 제2차 세계대전과 브레턴우즈 체제

이처럼 전 세계적인 보호 무역으로의 회귀, 파시즘의 등장, 경제 위기 결과로 발발한 제2차 세계대전은 동시에 자유 무역 복원을 위한 관문이기도 했다. 오늘날 세계화와 자유화는 제2차 세계대전이라는 피의 자식이다.

제2차 세계대전은 전 세계의 군인만 2,500만 명이 죽고 일반인 4,000만 명이 목숨을 잃은 대사건이다. 한반도 전체 인구보다도 많은 사람들이 전쟁으로 죽은 것이다. 부상자, 집과 건물의 파괴, 가족을 잃은 어린이들까지를 포함한다면 제2차 세계대전

## 잃어버린 세대

제1차 세계대전 후에 환멸을 느낀 미국의 지식 계급과 예술과 청년들을 가리키는 말에서 유래했다. 소설가 헤밍웨이가 《해는 또다시 떠오른다The Sun Also Rises》(1926)의 서문에서 "당신들은 모두 잃어버린 세대의 사람들입니다You are all a lost generation" 라는 G. 스타인의 말을 인용한 후 유명해졌다. 최근에는 '88만 원 세대'라는 표현과 함께 한국의 20대를 가리키는 말로도 쓰인다.

제2차 세계대전으로 폐허가 된 도시와 핵폭발 모습. 집단 학살을 비롯한 전쟁 기간의 참혹한 비극은 전 인류에게 심각한 정신적 상처를 남겼다

은 인류의 대재앙이다. 그 과정에서 독일의 유대인 집단 학살, 일본의 난징 집단 학살 및 종군 위안부 동원 등 세계 도처에서 잔학 행위가 발생했다. 전대미문의 살인 행위를 보고 들은 사람들은 그 전까지 품고 있던 인간과 미래에 대한 낙관적 믿음을 잃었다. 두 차례의 세계대전을 겪은 사람들을 '잃어버린 세대Lost Generation'라고 부르는 이유가 여기에 있으며 전쟁은 전 인류에게 심각한 정신적 상처를 남겼다.

전쟁에서 이긴 국가나 전쟁에서 패한 국가 모두 전쟁의 상처로부터 자유롭지 않았으며 특히 영국, 미국 등 자본주의 선진국은 왜 전쟁이 일어났는지를 고민했다. 전쟁이 끝난 후 해방된 식민지들 상당수가 자본주의 대신 사회주의를 채택한 것은 자본주의 세계의 미래에 대한 전망을 더욱 어둡게 하는 요인이었다. 무수한 사람들이 머리를 맞대고 고민한 결과 미국, 영국 등 선진 자본주의 국가와 일본, 독일 등 후발 자본주의 국가들 간의 이기

IMF 위기

### 대공황

1929년에 시작된 사상 최대의 경제 위기를 뜻한다. 1929년 10월 24일 뉴욕 월 가의 '뉴욕 주식거래소'에서 주가가 대폭락한 데서 발단된 공황은 가장 전형적인 세계 공황으로서 1933년 말까지 거의 모든 자본주의 국가가 영향을 받았으며 그 여파는 1939년까지 이어졌다. 대공황으로 인해 생산이 급감하고 실업자가 양산되었을 뿐 아니라 금본위제가 붕괴되고 보호주의가 강화되었다. 또한 세계 금융이 혼란에 빠지면서 세계 경제의 블록화가 진행되는 등 대공황은 세계 경제와 자본주의 역사에 큰 전환점을 가져왔다.

---

적인 경제 블록bloc화와 블록 간의 경쟁이 전쟁의 원인이라는 결론을 내리게 되었으며 브레턴우즈에 모인 사람들의 판단 역시 다르지 않았다.

도대체 경제 블록화란 무엇이고 왜 이것이 제2차 세계대전이라는 비극을 낳은 것일까? 제2차 세계대전이 발발하기 직전에 전 세계는 대공황Great Depression이라는 공동의 경제 위기를 경험했다. 자본주의 세계가 서로 연결되어 있다 보니 경제 위기가 단지 한 나라에서만 나타나는 것이 아니라 동시다발로 나타난 것이다. 경제 위기를 극복하고자 선진 자본주의 국가들은 자국과 자국의 식민지를 연합하여 경제 블록(경제 연합)을 형성하거나 미국처럼 자국 경제 보호주의를 주장했다. 블록은 다양한 영역에서 다양한 의미로 사용되는데, 여기서는 정치·경제의 특수한 이익을 위해 제휴한 국가들의 집합을 의미한다.

경제 블록은 블록 내부의 상품이나 화폐의 자유로운 유통을 인정하지만 블록에 포함되지 않는 다른 나라의 상품이나 돈이 자유롭게 넘나들어 이익을 얻는 것을 금지한다. 블록 내에서는 거래가 자유롭지만 블록 외부의 거래는 관세를 높이거나 다른 정책으로 가로막은 것이다. 보호주의 역시 자국의 상품과 산업을 보호하는 정책이라는 점에서 경제 블록과 비슷하다.

그런데 경제 블록을 형성하면 블록 내의 산업을 보호하고 이익을 최대화할 수 있지만 블록에 참여할 수 없는 국가의 경우 시

1929년 대공황 당시 실업자들이 무료 식사를 제공받기 위해 길게 줄을 선 모습

제2차 세계대전이 발발하기 직전에 전 세계는 대공황이라는 공동의 경제위기를 경험했다. 대공황으로 인해 생산이 급감하고 실업자가 양산되었을 뿐 아니라 금본위제가 붕괴되고 보호주의가 강화되었다. 또한 세계 금융이 혼란에 빠지면서 세계 경제의 블록화가 진행되는 등 대공황은 세계 경제와 자본주의 역사에 큰 전환점을 가져왔다.

장이 줄어드는 등 피해가 커진다. 결국 각 나라가 경제 블록을 형성하여 경제 위기의 비용을 외부에 떠넘기는 꼴이 된다. 이때 가장 피해를 본 국가는 식민지가 없거나 있더라도 적어서 블록을 형성할 수 없거나, 자국만으로는 도저히 자립할 수 없었던 후발 자본주의 국가였다. 또한 같은 블록 내에서도 본국과 식민지가 얻는 이익에 차이가 있었다. 예를 들어 영국의 식민지 인도는 영국에 값싼 노동력과 상품을 제공하여 영국의 경제를 도왔으나 그 결과 인도 사람들은 굶주림과 가난에 시달렸다.

당시까지 식민지들은 이 같은 경제 블록으로부터 해방될 만한 힘이 없었다. 그러나 일본, 독일, 이탈리아 등 후발 자본주의 국가들은 달랐다. 이들은 다른 경제 블록에 포함된 이웃 나라들을 침범하여 새로운 시장과 상품을 얻으려 했고, 이익을 위해서는 전쟁도 불사했다. 그 결과 제1차 세계대전(1914년)이 일어난 지 불과 25년 만에 세계대전이 또다시 일어난 것이다.

당시 사람들은 경제 블록화와 뒤이은 전쟁의 이면에는 인간의 이기적인 본성이 작용한다고 생각했다. 다른 나라의 희생을 통해 자기 나라의 이익을 얻고자 할 뿐만 아니라 말로 안 되면 총과 핵무기를 동원하는 등 전쟁을 일으켜서라도 이익을 얻으려 하는 것이 인간의 이기적인 본성이라고 판단한 것이다.

게다가 본래 인간이 이기적이라면 제3차 세계대전이 일어나지 말라는 법이 없다는 사실은 또 다른 공포였다. 50년 동안 큰 전쟁을 두 번이나 겪은 사람들에게 핵무기까지 개발된 상황에서 만약 제3차 세계대전이 일어난다면 인류가 함께 망할 것이라는 위기의식은 괜한 기우가 아니었다.

더욱이 선진 자본주의 국가들은 제2차 세계대전 결과, 소련과 중국 등 사회주의 국가가 성장했다는 사실에 주목했다. 선진 자본주의 국가와 후발 자본주의 국가들 간의 전쟁으로 엄청난 피해를 당한 식민지 국가들이 해방되면서 사회주의 국가로 바뀌었다. 이들 사회주의 국가는 선진 자본주의 국가들에게 또 다른 위협이었다. 기존 식민지가 사회주의 국가로 바뀌면서 선진 자본주의 국가가 천연자원을 구하고 자국의 상품을 팔 수 있는 시장이 더욱 좁아졌기 때문이다. 그리고 사회주의 국가들이 자본주의 국가보다 평화롭고 더 잘 살게 되면 사회주의가 더욱더 확산될 수도 있었다.

따라서 사회주의 국가를 경계하면서 자본주의 국가들 간의 경쟁이 전쟁으로까지 확대되지 않아야 하고 동시에 자본주의 국가들이 함께 번영할 방법이 필요했던 것이다. 여기서 도출된 해법이 바로 달러를 기준으로 한 고정환율제를 합의한 브레턴우즈 체제이다.

1945년 얄타 회담에 참가한 치칠, 루스벨트, 스탈린의 모습(왼쪽부터). 2차 세계대전 이후 세계는 미국을 축으로 하는 자본주의 진영과 소련을 축으로 한 사회주의 진영으로 나뉘어 체제 경쟁을 해야 했다

## 3

# IMF와 제3세계

**팍스 아메리카나**

브레턴우즈 체제가 형성되려면 두 가지 원칙이 필요했다.

첫째 국제적인 자유 무역의 원칙이다. 즉 자본과 상품의 자유로운 거래를 통해 자본주의 국가 모두가 이익을 볼 수 있는 자유 무역 경제 체제가 블록과 같은 경계 없이 블록을 넘어서 수립되어야 한다는 점이다.

둘째 국제적 안정성이다. 세계가 경제적으로 연결되면 한 나라의 경제 위기가 바로 다른 나라로 확산되고, 한 나라의 통화·환율·외환 정책이 실패할 경우 다른 나라에 나쁜 영향을 미칠 수밖에 없다. 따라서 그 같은 부정 효과를 줄이고 국제 거래를 조정함으로써 안정성을 제고할 국제기구가 필요하다. 1944년 44개국 정책 담당자들과 경제학자들이 브레턴우즈에 모여 합의한 것이 바로 이 두 가지 원칙이다.

당시 주장을 보면 브레턴우즈 체제와 IMF는 자유로운 무역, 국가 간 상호 의존성, 호혜주의 및 상대적 동등함이 양차 대전 사이에 일어난 경제 위기와 보호 무역에 뒤이은 전쟁을 막고 평화를 가져올 것이라는 합의, 동등한 기회를 누리는 자율적인 국가로 구성된 자유 시장을 지향하는 국제적 규제 제도다.

한편 브레턴우즈 체제는 제2차 세계대전이 끝나면서 전 세계 금괴monetary gold의 4분의 3을 가진 최대 강대국으로 떠오른 미국의 달러 중심 체제라는 점에서 팍스 아메리카나Pax Americana의 다른 이름이다. 국제 거래에서 금 대신에 미국의 달러가 교환 기준이 된 것이 그 증거다. 브레턴우즈 체제에서는 미국의 달러화만이 금과 일정한 비율을 유지하고, 다른 나라의 통화는 달러화와 일정한 교환 비율을 유지해 환율을 고정시켰다는 것을 환기해야 한다.

때문에 금본위제와 달리 달러만이 금과 교환되었다. 즉 미국의 달러가는 금본위제 시기의 금의 지위와 같은 역할을 하고, 다른 국가의 통화는 달러와의 교환 비율로 그 가치가 결정되며 이때 교환 비율은 국제적으로 통제된다. 이것이 달러 중심의 고정환율 제도다. 물론 조정할 수 있는 고정환율 제도managed flexibility라는 점에서 일정 수준의 환율 변동을 허

1620년 영국 청교도들이 메이플라워호를 타고 미국 매사추세츠주 연안에 도착한 지 300여 년 후 미국은 전 세계에 영향력을 행사하는 패권 국가의 지위를 얻게 된다

용했으나 그 범위는 1퍼센트 수준이었다. 즉 1달러가 10유로로 고정되었다면 1달러당 9.9~10.1유로까지의 변동은 허용되지만 그 이상이나 이하가 되면 해당 정부는 달러 대비 유로 가격을 낮추거나 높여야 한다. 오늘날에는 매일 환율이 변화하기 때문에 익숙하지 않겠지만 최소한 1960년대까지는 이 같은 고정환율이 일반적이었다.

왜 미국이 전 세계의 자유 무역을 지지하는 대국으로 등장했을까? 왜 미국의 달러가 기축 통화가 되었을까? 이유는 간단하다. 전후 미국은 경제적, 사회적으로 세계 최대의 강대국으로 떠올라 세계 무역까지 지배했기 때문이다.

전쟁이 끝났을 당시의 미국의 경제력은 팍스 아메리카나의 단면을 보여준다. 구체적인 수치를 살펴보면 아래와 같다.

- 세계 밀 생산량의 1/3 수확
- 세계 면화 생산량의 1/2 수확
- 세계의 철과 기타 주요 금속 생산량의 55% 제련
- 세계 석유량의 70% 공급
- 세계 고무 소비량의 50% 소비
- 세계 전력량의 45% 발전
- 세계 공산품의 60% 생산
- 세계 자동차 보유량의 81% 소유

전쟁이 끝난 후 미국은 다른 나라의 전쟁 복구를 지원하면서 새로운 성장기에 들어섰을 뿐만 아니라 최고 강대국으로 떠올랐다. 또 소련을 비롯한 사회주의의 위협으로부터 자본주의를 보호하는 세계의 영웅이었으며, 이 과정에서 미국은 경제뿐만 아니라 사회, 문화도 성장했다.

- 세계 민간 항공의 83% 점유
- 세계 연소득의 35% 향유

　전쟁이 미국을 세계 제1의 강대국으로 끌어올렸다는 점에서 제2차 세계대전의 최대 수혜자는 미국이었다. 유럽과 아시아를 중심으로 전쟁이 일어났기 때문에 미국은 1941년 일본의 진주만 공격을 제외하면 다른 나라의 공격을 전혀 받지 않았으며, 특히 미국의 본토는 공격받은 적이 없다. 그리고 미국 정부와 기업은 전시 물자를 만들어 팔아 막대한 부를 쌓았다. 또 전쟁은 미국 전역에 애국주의를 전파했다. 미국의 근로자들은 실질 임금의 하락에도 열심히 일했고 계층, 인종, 여성 문제 등 다양한 사회 문제가 애국주의라는 이름 아래 묻혔다. 반면 유럽과 아시아에서는 승전국도 패전국도 전쟁으로 산업 파괴와 삶의 질 저하를 경험했기 때문에 모두가 피해자였다.

　전쟁이 끝난 후 미국은 다른 나라의 전쟁 복구를 지원하면서 새로운 성장기에 들어섰을 뿐만 아니라 최고 강대국으로 떠올랐다. 또 소련을 비롯한 사회주의의 위협으로부터 자본주의를 보호하는 세계의 영웅이었으며, 이 과정에서 미국은 경제뿐만 아니라 사회, 문화도 성장했다. 세계의 젊은이들은 아메리칸 드림을 꿈꾸었다.

　금이 아닌 달러를 기준으로 한 고정환율제에 선진국들이 합의

한 것도 바로 미국의 힘에 대한 신뢰가 있었기에 가능했다. 당시 미국은 "달러를 가져와라, 그러면 금으로 바꾸어줄게"라고 소리쳤다.

물론 자유 무역을 승인하고 IMF에 가입한다고 해서 모든 나라가 시장을 개방하는 자유 무역을 하는 것은 아니다. 각국은 외국 상품보다 경쟁력이 있다고 생각되는 상품 시장만을 단계적으로 개방하고 나머지는 여전히 규제했다.

미국의 할리우드 영화 산업보다 경쟁력이 떨어져 자국의 영화 산업이 무너질 우려가 있을 때, 그 대안으로 국내 영화 의무 상영일 등을 법으로 규제해 자국의 영화 산업을 보호하는 스크린 쿼터를 그 예로 꼽을 수 있다. 혹은 프랑스처럼 농업의 비중이 중요한 나라에서는 외국의 값싼 농산물이 쏟아져 들어와 농업이 망할 것을 우려하여 외국 농산물 수입을 규제하고, 외국 농산물에 대해서는 비싼 세금을 매기는 경우도 있다. 강대국인 미국도 경쟁력이 있는 산업은 시장을 개방하고 그렇지 않은 산업은 보호했다는 점에서 단계적인 시장 개방은 모든 나라에서 공통으로 나타난다. 자유 무역의 원칙을 내세웠다고 곧바로 세계 경제가 하나가 되는 것은 아니다.

하지만 대체로 산업 강대국들은 외국에서 넓은 시장을 갖기 원하기 때문에 약한 나라들을 달래거나 위협해 무역 장벽을 없애는 경우도 없지 않았다. 반면 경쟁력이 비슷한 나라들은 대등한 국제 무역으로 이익을 얻기 때문에 상호 시장 개방이 순조롭게 진행되기도 한다.

브레턴우즈 체제가 탄생한 후 지난 50여 년 동안 전 세계적으로 시장 개방이 단계적으로 이루어졌다. 개방의 순서도 상품, 산업, 금융의 순으로 진행되었다. 가장 마지막에 이루어지는 금융 개방은 모든 것을 개방하는 전 단계를 의미한다.

### IMF와 라틴 아메리카

인류의 종말을 부를 수 있는 제3차 세계대전을 막고 자유로운 국제 무역을 통해 부유해질 가능성도 커졌다. 그렇다면 무엇이 문제인가? '불평등 발전'이 첫 번째 대답일 것이며 그 대가를 세계의 특정 집단이 지는 '악순환의 반복'이 두 번째 대답일 것이다.

브레턴우즈 체제는 시작부터 불평등과 불균형을 전제하는 미국 지배 체제였다. 미국의 경제학자 스페로Spero는 정치 경제의 불평등이 존재하는 상황에서 국제 교역은 국가 권력의 '수단'이라고 말한다. 한 국민 국가는 경제적으로 더 약한 다른 국가를 종속시키기 위해 전체 체제를 이용한다는 것이다. 그는 호혜주의는 처음부터 실현 불가능한 구호였다고 말한다. 세계의 체제를 합의하고 강제할 권력이 북미와 서유럽에 있는 소수 국가에 집중되어 있었기 때문에 브레턴우즈 체제가 가능했다는 것이다.

단기 차관일 경우 IMF는 절망 상태에 놓인 정부에게 강요되는 융자 이행 조건을 수단으로 삼아 한 국가의 경제 정책을 규제할 수 있다. 따라서 문제의 핵심은 대출을 해주는 것이 아니라 그것을 위한 융자의 조건이 된다.

---

클라크 대학의 지리학자 리처드 피트Richard Peet와 동료학자 16명은 《불경한 삼위일체Unholy trinity : the IMF, World Bank and WTO》라는 저작에서 브레턴우즈 체제의 핵심 중 하나가 미국의 영향력 아래 있는 IMF이며, IMF를 통해 전 세계 불평등의 악순환이 유지·확대된다고 주장한다. 왜 그렇게 말하는 것일까?

IMF는 1944년 브레턴우즈 회의에서 작성된 합의서 조항에 대해 1945년 29개 정부가 서명함으로써 설립되었고, 1947년부터 운영되었다. 이론적으로 IMF는 유엔 체계 안에 위치하지만 실제로는 독립된 초국적 기구이며, 앞에서 살펴보았듯이 분담금의 비중에 따라 회원국의 발언권이 결정된다는 점에서 발언권이 가장 큰 미국의 이해로부터 자유로울 수 없다.

원래 기구의 주된 목적은 두 가지였다. 하나는 회원국 간에 통화가 교환되는 비율을 규제하는 것이고, 다른 하나는 회원국의 국제 수지에 위기가 닥치는 시기에 차관을 시행하여 국제적 안정성을 확보하는 데 도움을 주는 것이다. 하지만 첫 번째 역할의 비중은 점차 줄어들고 차관 제공이 중요한 활동이 되었다. 이때 차관은 해당 국가가 예치했던 기금을 재원으로 하지만 예치금을 돌려주는 것이 아니라 일종의 대출인 단기 차관 형식으로 제공된다. 그런데 단기 차관일 경우 IMF는 절망 상태에 놓인 정부에게 강요되는 융자 이행 조건을 수단으로 삼아 한 국가의 경제 정책을 규제할 수 있다. 따라서 문제의 핵심은 대출을 해주는 것이

> **석유 위기**
> 1973~1974년, 1978~1980년의 두 차례에 걸쳐 국제 석유 가격이 폭등하면서 나타난 전 세계적 경제 위기와 혼란을 가리킨다. 1차 석유 위기는 석유수출국기구(OPEC)가 제4차 중동전쟁에서 이스라엘을 지원한 미국 등에 대해 석유 수출을 금지하고 생산량 감축을 통해 유가를 크게 올린 데서 비롯되었다. 그리고 산유국들이 석유 생산량을 크게 늘리지 않은 상황에서 1978년의 이란 혁명을 계기로 유가가 급등함으로써 2차 석유 위기가 일어났다. 그 영향으로 당시 세계 경제는 성장률 둔화, 무역수지 악화, 통화 질서 교란 등 위기를 맞았고, 한국 경제 역시 큰 타격을 입었다.

아니라 그것을 위한 융자의 조건이 된다. 융자의 조건은 무엇일까?

IMF 회원국의 합의서에 조건이 명시되어 있다. IMF는 국제 통화 제도, 즉 국가 간 지불과 환율 제도의 핵심 기구로서 지불체제 안에서 위기를 막는 역할을 수행한다. 이를 위해 IMF는 ① 회원국의 경제 정책, 특히 재정 정책 같은 거시 경제 정책을 감독하고 ② 국가 수입, 총 국가 소비, 투자와 화폐 공급 같은 거시 경제적 업무 수행에 영향을 미치는 구조 정책을 살피며 ③ 일시적인 금융이 필요한 국가가 사용할 수 있는 준비된 기금으로 활동한다. 따라서 IMF 차관을 받는 국가들은 지배적인 국가, 예를 들어 미국 정부 및 해당 자본의 이해에 더 깊이 종속될 가능성이 크다.

특히 1970년대 중반 이래 IMF가 대출 기구로 거듭나면서 이러한 경향은 더욱 커졌다. 그 과정을 살펴보면, 출범 이후 1971년까지만 해도 IMF의 정책은 유럽과 북미 국가들의 경제적 요구 해소에 집중되었다. 하지만 금과 석유 위기를 겪으며 브레턴우즈 체제의 중요한 근거인 고정환율 제도가 무너지면서 한때 IMF의 역할과 능력은 종지부를 찍는 듯 보였다. 그런데 1976년 IMF와 영국 간에 맺은 차관 협정 결과, 특정 국가가 외부의 재정을 끌어올 때 찾는 가장 마지막 장소이자 최후 수단이 IMF라는 믿음이 확산되고, IMF는 강력한 국제 대출 조직으로 다시 등장했

● —— IMF 위기

다. 또한 1977년 이래 IMF의 차관 금융을 오직 제3세계와 옛 공산권 정부만이 사용했기 때문에 주요 선진국의 지불과 협력 수단이던 IMF가 제3세계 경제 정책에 대한 제1세계의 통제 수단으로 바뀌었다.

이른바 조폭 영화를 상상하면 이해하기가 더 쉽다. 우리가 작은 음식 가게를 차렸다고 가정해보자. 장사가 안 되어 사채를 끌어다 쓰거나 그와 유사한 도움을 받았다면 매일 높은 이자를 부담하는 것 이외에도 사채업자가 경영하는 업체의 식료품을 사야 한다. 만약 부채를 갚지 못하면 음식점은 우리 것이 아니다. 대출 조건이 효율적인 통제 수단이 되는 것이다.

IMF가 제3세계에 대한 통제 수단이 된 직접적 계기는 석유 위기였다. 석유 위기로 인해 석유를 생산하지 못하는 대다수 제3세계는 심각한 적자 상황에 직면했다. 그러자 선진국의 상업 은행 및 투자 은행이 막대한 대출을 해주었으며 제3세계는 과도한 부채를 짊어지게 되었다. 제3세계의 부채 누적은 IMF의 권력과 지위를 강화했다. 이들 나라에 차관을 승인하면서 좀 더 쉽게 지배할 수 있었기 때문이다.

맨 처음 문제가 폭발한 것은 라틴 아메리카였다. 1982년 부채 누적과 국가 부도에 내몰린 멕시코와 브라질에 이어 1980년대 중반까지 라틴 아메리카 국가의 75퍼센트가 IMF의 감독을 받았다. IMF의 힘은 막강해지고 강대국의 시중 은행은 막대한 수입

### 지킬 박사와 하이드

영국의 시인이자 소설가인 로버트 스티븐슨이 1886년에 발표한 소설 《지킬 박사와 하이드The Strange Case of Dr. Jekyll and Mr. Hyde》에 나오는 인물로, 천사와 악마의 모습을 모두 가진 이중인격자를 상징하는 말이 되었다. 이 작품에서 자비심 많고 고귀한 지킬 박사는 인간에게 잠재해 있는 선악의 이중성을 분리할 목적으로 약품을 만든다. 이 약을 먹으면 지킬 박사가 악마적 성격의 추악한 하이드로 변하게 되는데, 점차 악이 선을 이겨 약을 먹지 않아도 하이드로 바뀌고 결국 지킬 박사로 되돌아갈 수 없게 된다. 살인을 한 하이드는 경찰에 체포되려는 순간 자살하며 모든 것을 유서로 고백한다.

---

을 올렸지만 실업과 복지 저하 등의 고통을 떠안은 것은 채무국의 민중이었다. 더군다나 채무국의 민간 은행이 금융 위기로 타격을 입어도 그 책임을 채무국 정부가 져야 하는데 이는 국민 개개인의 세금 부담이 된다. 반면 해외 투자자들은 돈을 잃지 않는 불공정 게임 규칙에 근거해 투자를 할 수 있다.

브라질 리우데자네이루의 빈민촌. 라틴 아메리카 국가 대부분이 IMF의 감독을 받았지만 경제는 나아지지 않았고 오히려 IMF가 요구하는 정책들이 빈곤과 실업을 가중시킨다는 비판이 있다 ⓒ nickyd75

비판자들이 융자 조건으로 강요되는 IMF의 정책이 실업과 빈곤을 야기하는 동시에 그 결과 발생하는 사회 문제를 각 나라가 스스로 치유할 수 있는 힘을 감소시킨다고 주장하는 이유가 여기에 있다. 또한 IMF는 해당 국가가 다른 방식의 경제 발전을 선택하고 싶어도 이를 가로막고 IMF의 경제 신념을 강요한다.

나아가 지나친 부채로 친미 정권의 권력 유지가 어려워지고 부채 전체를 돌려받을 수 없다는 사실이 드러나자, IMF는 제3세계의 부채를 일부 탕감해주는 일면 자비로운 모습으로 제3세계에 대한 영향력을 더 확대했다. 결코 돌려받을 수 없는 부채의 일부를 포기함으로써 나머지 부채를 확실히 받을 수 있게 될 뿐만 아니라 해당 국가의 경제와 정치에 대한 개입을 강화해 더 많은 것을 얻을 수 있다. 제3세계에게 IMF는 지킬 박사이자 하이드 씨인 것이다.

한편 IMF 지배력의 강화는 제3세계 정부에 차관을 제공하고 그 채무를 이행하는 혹독한 조건을 요구하는 과정이라는 점에서 제3세계 국민의 저항을 낳았다. 예를 들어 1977년 이집트에서는 정부가 IMF의 요구에 부응해 주요 식품에 대한 보조금을 철폐하기로 하자 폭동이 일어났다. 1981년 7월 1일 모로코 정부가 국제 수지 적자와 해외 부채 재조정을 위해 12억 달러의 차관을 받는 조건으로 IMF의 강요를 이기지 못해 주요 식품에 대한 보조금을 철폐하자, 카사블랑카에 있는 민주노동자연합은 총파업을 촉구했다. 보조금을 삭감한 결과 주요 식품 가격이 상승했기 때문이다. 파업은 폭동으로 번졌고, 이 과정에서 희생자가 발생했는데 정부는 66명, 야당은 637명이 사망했다고 발표했다. 1984년 도미니크 공화국의 각 도시에서는 정부의 강제 긴축 정책에 맞서 노동자와 젊은이들이 파업을 감행했다. IMF의 차관 조건 때문에 당시 정부는 수입품에 대한 보조금을 없애고 의약품 가격을 강제로 200퍼센트까지 올렸다. 저항은 폭동으로 바뀌었으며 50명이 사망하고 4,000여 명이 구속되었다. 1998년 봄 인도네시아에서도 IMF의 명령에 따라 정부 보조금을 삭감한 것에 반대하는 폭동이 일어났다.

이처럼 IMF의 개입과 그로 인해 발생한 제3세계의 저항은 비슷한 경로를 보여준다. 국내 통화의 붕괴, 긴급 사태 발생 및

IMF의 개입, 대규모 폭동이라는 공통 경로를 밟는 것이다. 당시의 저항을 두고 '긴축 저항'이라고 부르는 것도 이 때문이다.

결론적으로 IMF가 구현한 세계화는 인간을 상품으로 만드는 과정이자 인간이 돈으로 바뀌는 과정이다. 물은 늘 위에서 아래로 흐르는 법이지만, 세계화의 흐름은 거꾸로이다. 아래에서 위로 치솟는 거대한 분수, 사회적 약자부터 그리고 제3세계부터 인간의 온기를 앗아가는 수십 년 동안의 변화에 전 세계가 종속되었다. 분수대의 물은 거기에 희생된 사람들이 늘어갈수록 탁해졌지만, 분수대를 장식하는 조명은 더욱 화려해졌다. 그것이 사람들의 눈을 일시적으로 가리기도 했다. 그러나 2008년 경제 위기는 세계화의 그림자를 가리는 것이 손바닥으로 하늘을 가리는 것과 마찬가지라는 사실을 보여준다. 또한 1980년대 라틴 아메리카의 위기와 1990년대 한국을 포함한 동아시아의 위기에 이어 전 세계로 확산되고 있는 오늘날의 위기는 사람이 본연의 가치를 잃고 죽음에 이르는 병에 걸렸음을 알려주는 신호이다. 다음 장에서는 1997년 한국의 IMF 경제 위기를 통해 그러한 사실을 확인하게 될 것이다.

깊이
읽기

## 세계화

세계화의 가장 손쉬운 정의는 '경제적 세계화' 즉 노동과 자본 시장이 더욱 밀접하게 국제적으로 통합되는 과정일 것이다. 역사 이래 인류는 특정한 단위를 형성해 생활해왔으며 그 생활 집단의 크기와 활동 범위가 확대되고 집단 사이의 접촉 또한 점점 더 잦아졌다. 그런데 자본주의 사회로 접어들면서 인간의 생활 집단은 '민족 국가'라는 형태를 띠었고 이미 12, 13세기부터 국가 간 교역이 존재했다. 그래서 세계화의 기원을 자본주의 초기 시점부터라고 보는 견해도 있지만 대체로 세계화는 19세기 초반부터 이루어진 전 세계적 통합 현상을 지칭한다. 하지만 세계화의 정의와 접근 방식, 효과 등에 대한 논의는 천차만별이기 때문에 이 역시 세계화에 대한 한 가지 접근 방법일 뿐이며 한마디로 요약하기 어렵다. 다만 몇 가지 흥미로운 접근을 소개하자면 다음과 같다.

우선 세계화를 '강대국에 의해 촉발된 것'으로 간주하고 강대국과 약소국의 관계에 주목하는 것이다. 이 견해에 따르면 세계화는 강대국에 의한 약소국의 지배와 마찬가지이며 이와 같은 획일적인 세계화에 반대하여 약소국의 주권과 자존을 유지하고 세계화의 과실을 공평하게 나누기 위한 다원주의적 세계화에 대한 적극적 모색이 필요하다고 한다.

다음으로 세계화에서의 국가의 역할에 집중하는 분석도 있다. 세계화가 진행될수록 민족 국가의 역할이 줄어들고 특히 1970년대 이후 이와 같은 현상이 가속화되면서 전 세계적인 문제로 떠오르고 있다는 견해이다. 더불어 세계화를 단순히 경제적 차원만이 아닌 정치·사회·문화적 차원에서 접근하려는 시도 역시 주목해야 할 것이다.

마지막으로 모든 접근의 저변에는 다음과 같은 질문이 존재한다. 세계화는 좋은 것인가 나쁜 것인가, 혹은 그와 같은 질문 자체가 무의미한 것인가.

세계화는 '현재 진행 중인 현상'이며 세계화의 과거와 현재 그리고 미래에 대한 통일된 접근이나 합의는 불가능하다. 다만 세계화가 전 세계 모든 사람에게 영향을 끼치는 만큼 그 안에 내재한 문제점을 비판하면서 보다 바람직한 세계화를 꿈꾸고 기획하는 것이 중요할 것이다.

# 4장

세계화와 1997년 경제 위기

# 1

## 1997년 경제 위기

### 경제 위기의 원인

리처드 피트와 동료 학자들은 1990년대에는 IMF로 대변되는 세계화의 피해자가 라틴 아메리카에서 한국을 비롯한 아시아로 바뀌었다고 말한다. 1997년 한국의 경제 위기도 이러한 맥락에서 발생했다는 지적이다.

**태국의 바트화**

1990년대 들어 신흥 시장으로 향하는 금융 자본의 움직임이 급격하게 확산되었다. 이 움직임을 촉진하고자 국제 은행과 미 재무부는 각국 정부에 압력을 행사해 모든 부문의 금융 시장이 해외에 빠르게 진입하도록 했다. 그리고 IMF는 아시아 국가에 해외 자본이 손쉽게 유입되도록 제반 조치를 마련했다.

이러한 상황을 잘 보여준 나라가 바로 태국이다. IMF는 태국에서 바트화의 가치를 절하하고 달러화에

### 조지프 스티글리츠

예일 대학을 비롯한 여러 대학 교수를 지냈고, 클린턴 행정부 경제자문위원장, 세계은행 부총재를 역임했으며, 2001년 노벨 경제학상을 수상했다. 국제기구에서 직접 활동한 경제학자로서 미국의 시사 주간지 《뉴스위크》와 가진 인터뷰에서 다음과 같이 IMF를 비판했다. "IMF가 합법성을 잃은 것이 명명백백하다. IMF는 민주적으로 운영되고 있지 않다. 쿼터(투표권)가 제2차 세계대전 직후의 경제력을 바탕으로 분배돼 있어 유럽이 부적절한 힘을 쥐고 있다는 점이 그렇고, 미국만이 비토권을 가지고 있다는 점이 그렇다."

---

대한 기준을 느슨하게 풀어 놓으며 변동환율제를 시행하도록 촉구했다. 태국 정부가 이에 응한 바로 그날, 1997년 7월 2일 국제 금융 자본의 투기적 공격으로 태국의 바트화는 하룻밤 사이에 그 가치가 25퍼센트나 떨어졌다.

IMF는 대부분의 다른 동아시아 국가에도 유사한 권고를 했으며, 투기적 공격은 한국, 필리핀, 인도네시아로 확산되었다. 이는 수년간 이룩해온 경제 기적을 난관에 부딪치게 한 동아시아 위기의 중요한 원인이 되었다. 미국의 저명한 경제학자 조지프 스티글리츠Joseph E. Stiglitz는 금융 자유화의 허용 및 권유가 동아시아 경제 위기를 초래한 중요 원인이라고 지적한다.

조지프 스티글리츠

하지만 IMF의 입장은 다르다. 한국을 비롯한 동아시아의 위기는 해당 국가의 내적 취약함에서 기인한다는 것이다. 1999년 보고서에서 IMF는 한국의 경제 위기 원인을 다음과 같이 서술한다.

재정 부문에 대한 부적절한 감시와 재정 위기에 대한 빈약한 평가 및 관리, 여기에 고정적인 환율 유지가 결합되어 은행과 기업들이 방지책도 없는 상태에서 외국환인 단기적인 구제 자본을 대량으로 빌리게 되었다. 시간이 흐르면서 이렇게 유입된 외국 자본은 더 질이 낮은 투자를 위한 자금으로 사용되었다. 특히 민간 부문에 대한 정부 개입, 기업 및 재무 회계와 금융 및 경제 데이터 준비에 관한 투명성 결여 같은 통치 문제가 더해져 상황은 더 악화되었다.

그러나 위기의 원인이 외부에 있다는 주장은 또 있다. 국제연합무역개발회의United Nations Conference on Trade and Development(UNCTAD)가 2000년에 발표한 보고서는 급속한 무역 자유화를 채택한 거의 모든 개발도상국에서 임금 격차가 벌어져온 사실을 지적한다. 라틴 아메리카 국가에서는 미숙련 노동자들의 고용 감소와 20~30퍼센트대 실질 임금의 절대 감소라는 상황에서 이러한 현상이 일어난다고 한다. 또한 한국뿐만 아니라 동아시아를 마비 상태로 몰고 간 경제 위기는 IMF뿐만 아니라 세계화를 위해 추진된 WTO 협정이 확산시킨 투자 및 금융 부문의 규제 완화에 기인한다는 지적이다. 특히 경제 위기가 발생하기 직전 한국이 금융 부문 자유화라는 마지막 단계에 접어든 것은 투기 자본의 공격에 전면 노출되었다는 점에서 의미심장하다.

보고서는 미국 언론이 한국의 경제 위기가 끝났다고 말하지만 한국 사람들의 상황은 개선되지 않고 있으며 실업률은 네 배로 증가했고, 절대 빈곤층의 인구는 200퍼센트 늘어났으며, 수십 년간의 경제 발전이 후퇴했다고 지적한다. 한국의 경제 위기가 한국 내부의 문제라기보다는 외적 요인 때문에 발생했음을 강조하는 것이다.

> IMF 위기는 외환 위기라는 외적 충격에서 시작되었다. 단기간에 대규모 외국 자본이 국내로 들어왔다가 단기간에 빠져나가는 과정에서 국내 금융 기관이 외국 자본의 자금 회수 요구에 응하지 못하면서 부도 사태를 맞았다.

### 내적 요인과 외적 요인

1997년 한국 경제 위기의 원인은 무엇인가? 한동안 이 문제를 둘러싼 논란이 계속되었다. 외부 충격과 내적 취약함이 동시에 나타났다는 것이 현실적인 대답일 것이다. 정확한 이해를 위해 1997년 경제 위기의 진행 과정을 살펴볼 필요가 있다.

IMF 위기는 외환 위기라는 외적 충격에서 시작되었다. 앞에서 지적한 것처럼 당시 외국에서 유입된 자본 대부분이 투기 자본이었다. 단기간에 대규모 외국 자본이 국내로 들어왔다가 단기간에 빠져나가는 과정에서 국내 금융 기관이 외국 자본의 자금 회수 요구, 즉 투자하거나 빌려준 돈을 되돌려 달라는 요구에 응하지 못하면서 부도 사태를 맞았다. 개인이나 기업이 1개월 혹은 1년 등의 단기간에 돌려주어야 하는 자본을 많이 빌렸다가 날짜가 되었는데도 그 빚을 갚지 못하면 개인 파산이나 기업 부도에 직면하는 상황이 국가 수준에서 발생한 것이다.

대규모 외국 자본이 갑작스럽게 한국에 집중되었던 것은 〈표 4〉에서도 뚜렷하게 나타난다. 1994년에 8.1퍼센트이던 외국인 직접 투자가 1996년 23.3퍼센트로 늘어났으며, 증권 투자는 무려 세 배 가까이 증가했다. 더욱이 자본의 들어오고 나가는 정도를 의미하는 자본 수지가 1994년에서 1996년 2년 사이에 두 배 늘어났다는 사실에서도 외국 자본이 한국에 몰려들었음을 알 수 있다.

⟨표 4⟩ 외국인 국내 투자 추이(1994~1996)

(단위 : %, 억 달러)

|  | 1994 | 1995 | 1996 |
|---|---|---|---|
| 직접 투자 | 8.1 | 17.62 | 23.3 |
| 증권 투자 | 81.5 | 138.7 | 211.8 |
| 기타 투자(차입) | 136.3(108.2) | 214.5(162.4) | 245.7(193.5) |
| 자본 수지 | 103.0 | 167.9 | 233.3 |

출처 : 삼성경제연구소(2000)

 따라서 IMF 경제 위기의 원인을 외국 자본 등의 외부 요인에서 찾는 견해는 설득력이 있다. 사회주의 국가의 붕괴와 1995년 WTO의 설립으로 세계화는 급진전했으며 단기 이익을 노리는 투기 자본이 전 세계를 누빈다는 사실도 이미 확인했고, IMF가 바로 이 떠도는 투기 자본을 지지한다는 사실도 제시했다. 더군다나 1997년에 한국만이 아니라 동아시아에서도 유사한 위기가 있었다는 것은 IMF 경제 위기에 외부 환경이 끼친 영향이 상당히 크다는 사실을 말해준다.
 그러나 외부 요인이 우리나라에 불리했다 하더라도 국내 대응이 적절했다면 그 영향을 줄일 수 있었다는 사실을 무시할 수 없다. 특히 한국의 외환 위기가 금융 기관의 부실화에서 촉발되었다는 것은 널리 알려진 사실이다. 따라서 1997년 한국이 IMF 경제 위기에 직면한 것은 세계화를 비롯한 외부 환경 변화와 더불어 국내 요인이 함께 작용한 결과다.

우선 외국 자본이 왜 갑자기 한국에 들어오게 되었는지부터 차근차근 살펴보자. 이는 그 시기에 한국 정부가 추진했던 경제 개방이 너무 빠르게 이루어졌기 때문이다. 1996년 경제협력개발기구Organization for Economic Cooperation and Development(OECD) 가입을 전후해 적극적으로 개방 정책을 펴기 시작한 직후에 위기가 발생한 것이 이 같은 사실을 반영한다.

특히 국내 은행 등 금융 기관과 기업은 해외에서 자금 조달이 자유로워지자 대규모 외국 돈을 서둘러 들여왔으며 이 과정에서 이자가 높고 단기 이익을 낸 뒤 철수해버리는 것을 목적으로 하는 위험한 투기성 자금도 함께 들어왔다. 1990년대 중반 한국 기업은 석유 화학, 자동차, 철강 등에 앞다투어 대규모 투자를 했고, 이 과정에서 대규모 자금을 충당하고자 외국 돈을 쓸 수밖에 없었다. 따라서 정부와 대기업이 경제 개방을 지나치게 서두르지 않았더라면 경제 위기의 강도는 좀 더 낮았을 수도 있다.

그렇다면 왜 외국 자본은 서둘러 돈을 돌려받으려 했을까? 외국 자본이 갑작스럽게 몰려들었다 하더라도 시기를 두고 천천히 나가면 은행이나 기업의 부담이 상대적으로 줄어든다. 하지만 외국 자본은 기다려주지 않았는데 그 이유는 외국 금융사들이 돈을 받기 어려울 수 있다는 판단 아래 투자 자금의 회수를 서둘렀기 때문이다.

빌려주거나 투자한 돈을 받을 수 없을지도 모른다는 첫 번째 신호가 1997년 1월에 일어난 대기업 한보의 부도였다. 한보는 당진 제철소 건설 공사를 위해 무리하게 은행에서 대출을 받아 비자금을 만들고 정치권에 로비를 하다가 감당할 수 없게 되자 부도를 맞았다. 이는 곧바로 한보에 대출을 해준 은행의 부실로 이어졌는데 예전과 달리 정부가 "은행이 망하더라도 정부가 지원하지 않겠다"고 하여 외국 투자자들의 불안감을 부추겼다.

그 당시 한국에는 '대마불사大馬不死', 즉 '큰 말은 죽지 않는다'는 속담이 떠돌았다. 이는 두 가지를 의미하는데 하나는 그때까지 큰 기업이나 은행이 망하는 일이 매우 드물었기 때문에 대기업과 은행은 망하지 않는다는 뜻이다. 다른 하나는 기업이 망해서 은행이 돈을 돌려받지 못한다 하더라도 그 부담을 정부가 떠안기 때문에 기업 부실이 곧바로 은행 부실로까지 이어지지 않는다는 의미다. 돈을 투자한 외국 자본의 입장에서는 기업이 망하더라도 은행과 정부가 갚아준다면 돈을 돌려받겠다고 서두를 필요가 없다.

그런데 김영삼 정부가 부채를 떠맡지 않겠다고 거절하자 외국 투자자들은 불안해지기 시작했다. 그리고 뒤이어 4월 삼미, 진로, 대농 등 대기업들이 무리한 투자로 연쇄 부도를 맞자 외국 투자자는 더는 참을 수 없다고 판단하고 투자한 자금을 돌려달라고 요구했다.

두 번째 신호는 급속한 세계화로 늘어난 투기 자본이 동남아시아에 집중했다가 갑자기 빠져나가면서 동남아시아에서 이미 외환 위기가 발생했고 이것이 한국에도 영향을 주었다는 사실이다. 홍콩과 대만 등의 주가가 폭락하자 해외 투자자들은 동남아시아 전역에서 돈을 돌려받으려 했다. 특히 한국을 비롯한 아시아에 투자한 자본에 투기 자본이 많았다는 사실에 주목해야 한다. 이들 투기 자본은 일명 '치고 빠지기'에 능하기 때문에 동남아시아 및 한국 경제의 신호가 좋지 않자 한꺼번에 대규모 매도 및 회수 요구를 한 것이다.

하지만 이것만으로 곧바로 경제 위기가 오지는 않는다. 한국 정부가 부채를 떠안지 않겠다고 거절했다 하더라도 연쇄 부도가 일어나는 상황에서는 이런 태도를 유지할 수 없다. 능력만 된다면 정부는 이를 막기 위해 나설 것이다. 따라서 한국 정부에 돈을 갚을 능력이 있거나 갚을 수 있다는 믿음만이라도 외국 투자자들에게 줄 수 있으면 외환 위기로까지 발전하지는 않는다.

그렇다면 어떤 능력이 필요할까? 가장 중요한 것은 한국 정부가 외환을 충분히 가지고 있어야 한다는 점이다. 즉 한국 정부가 보유한 달러 등 외환이 갚아야 할 빚보다 많다면 외국 투자자들은 안심할 수 있다.

그러나 1994년부터 한국의 대외 채무는 급격히 늘어나고 그중에서도 짧은 시기에 돈을 돌려줘야 하는 단기 외채의 비중이 높아졌다. 외환 보유액 대비 민간 외채가 1994년 말 1.03배에서

### 경상 수지

국제 거래에서 자본 거래 외의 부분에 의해 발생하는 수지로, 다음의 네 가지로 구성된다. ① 상품 수지 : 상품의 수출과 수입의 차액을 나타내는 수지 ② 서비스 수지 : 해외 여행, 유학, 연수, 운수 서비스 등의 서비스 거래 관계가 있는 수입과 지출의 차액을 나타내는 수지 ③ 소득 수지 : 임금, 배당금, 이자처럼 투자의 결과로 발생한 수입과 지급의 차액을 나타내는 수지 ④ 경상 이전 수지 : 송금, 기부금, 정부의 무상 원조 등 대가 없이 주고받은 거래의 차액을 나타내는 수지.

한국은행. 한국 정부는 1997년 당시 외환 보유량이 충분하지 않았음에도 제대로 관리하지 못하고 결국 IMF에 구제 금융을 요청하게 된다

1997년 상반기에는 2.03배로 2배 가까이 증가했다. 외환 보유액은 300억 달러 내외에서 머물러 더는 늘어나지 않는 반면 민간 부분의 단기 외채는 1997년 이미 627억 달러에 이르렀다. 이런 상황에서 갑자기 자금을 돌려달라는 요구가 들어오면 기업이나 은행은 물론 정부도 돈을 갚을 수가 없게 된다. 국고가 텅 빈 사실을 외국 투자자들은 주시한 것이다.

게다가 원화 가치가 고평가되고 아시아에서 경쟁이 치열해지면서 무역 조건이 악화되어 한국의 경상 수지 적자는 더욱 커져만 갔다. 이처럼 한국의 원화 가치가 경상 수지 적자인데도 고평가 상태가 지속됨으로써 외환 보유고가 채무(빚)보다 상대적으로 줄어들자 외국 자본가들은 불안을 느끼고 더욱 자금 회수에 매달렸다.

사실 경상 수지 적자가 확대되고 원화 가치가 고평가된 상태라면 정부가 개입해 원화 가치를 낮출 수 있다. 그러나 당시 한국 정부는 그 같은 방법을 사용하지 않았을 뿐만 아니라 외국 자본이 꽤 많이 들어와 있어서 원화 가치를 낮추기도 어려웠다.

예를 들어보자. 1달러에 900원이던 원화를 1,200원으로 그 가치를 낮추면 1,200원을 주어야 1달러어치 물건을 살 수 있다. 한국 돈을 더 많이 써야 하니 한국 돈의 힘이 그만큼 줄어든 것, 가치가 낮아진 것, 저평가된 것이다. 따라서 수입은 줄고 수출은 늘어나서 무역 흑자로 돌아서는 이점이 있으나 갚아야 할 빚은 더 늘어난다. 전에는 900원만 있으면 1달러 빚을 갚을 수 있었지만 이제는 1,200원이 있어야 갚기 때문이다. 그런데 국내에 외국 자본이 많이 들어와 있다면 이 중에 갚아야 할 돈이 있을 뿐만 아니라 외국 자본으로 직접 빚을 갚을 수도 있기 때문에 원화 가치를 하락시켜야 할 이유가 적어진다. 고평가 상태가 유지되는 것이다.

결국 지나치게 고평가된 원화의 사전 조정이 어려워지면 외환 위기라는 파국을 맞아 돈이 아니라 종잇조각이 되는 과정을 통해 원화 가치가 급속하게 하락하고 고평가 현상이 해소되는 길을 갈 수밖에 없다. 이것이 경제 위기의 자정 능력이며 경제 위기는 이러한 점에서 지나치게 높아진 돈이나 물자 흐름을 제자리로 돌리려는 자연스러운 현상일 수도 있다.

그러나 1997년 당시의 경제 위기는 경기 순환 상황에서 나타나는 경기 불황이 아니라 외국 자본이 갑작스럽게 들어오고 여기에 금융 및 기업의 부실이 결합된 독특한 상황이었다. 그 결과 국가 부도 사태로까지 확대되었기 때문에 일상의 경기 순환으로 볼 수 없는 파국의 위기가 숨어 있다. 이 점에서 금융 자유화를 비롯한 대외 요인이 좀 더 주도적인 역할을 했고 내부 요인은 부가적인 것으로 보인다.

# 2

# 위기를 키운 정부 대응

**한국 정부의 취약한 대응**

앞에서 1997년 IMF 경제 위기를 부른 외적 원인의 중요성을 살펴보았다. 그러나 금융 감독의 실패와 업종 전문화 제도라는 내부 요인까지 고려한다면 내적 요인의 비중을 무시하기 어렵다.

당시 한국의 대응과 관련해서는 외환 정책의 실패, 금융 감독의 실패, 자본 자유화 정책과 업종 전문화 제도의 실패라는 세 가지 실패를 꼽는다. 외환 정책의 실패는 앞에서도 설명한 것처럼 경상 수지 적자가 계속되는데도 정부가 원화 가치를 낮추기보다는 오히려 외국 자본의 유입을 더 늘려 해소하려 했다는 사실에 있다. 1996년 경상 수지 적자는 231억 달러로 국내 총생산 GDP의 4.1퍼센트였으나 1996년 자본 수지는 이보다 2억 달러가 더 많은 233억 달러였다는 것은 정부와 기업이 지속적으로 자본 유입을 증가시켰다는 증거다. 이렇게 되면 자본의 유입과 유출

> **자본 수지**
> 국제 거래에서 자본 거래에 의해 생기는 수지로, 경상 수지와 더불어 중요한 국제 수지다. 자본 수지가 높다는 것은 외국에서 들어온 자본이 외국으로 나간 자본보다 더 많다는 것을 의미한다.

에 대한 국내 경제의 노출 정도가 높아지게 된다. 외환 위기의 가능성이 커지는 것이다.

원화 가치를 낮추는 등의 방법으로 외환 시장과 경기를 안정시키지 못할 경우 취할 수 있는 또 다른 조치는 통화 긴축이다. 금리를 높여 국내 소비를 낮추고 저축을 늘려 경상 수지를 개선하는 것이다. 이와 동시에 단기가 아닌 장기 외국 자본을 들여오면 급하게 갚아야 하는 돈은 줄어들고 외환 보유액은 높아진다. 문제는 이런 경우 경기가 위축되기 때문에 신중하게 정책을 추진해야 한다는 점이다.

다음으로 금융 감독의 실패는, 금융 기관이나 기업이 자유롭게 외국 자본을 빌리는 것을 허용하는 자본 자유화 정책을 추진할 경우 빨리 갚아야 하는 돈보다 천천히 갚아야 하는 돈의 비중을 더 늘리도록 금융 감독을 해야 하는데 이에 실패했다는 의미다. 1년 만에 되갚아야 하는 돈보다 10년 동안에 갚아야 하는 돈의 비중을 늘리도록 감독을 철저히 해야 했는데 그렇게 하지 못한 것이다. 자본 자유화를 하면 너도나도 외국 돈을 빌려 투자를 하겠다고 나서게 된다. 이때 외국의 투기 자본이 마구잡이로 들어오지 못하도록 금융 감독을 철저히 하는 것이 정부의 중요한 역할이다. 그러나 당시 한국 정부는 자본 시장을 개방하기만 했지 이에 대한 감독은 제대로 하지 않았다.

마지막 정책 실패는 자본 자유화와 더불어 기업 투자에 대한 금융 감독의 실패는, 금융 기관이나 기업이 자유롭게 외국 자본을 빌리는 것을 허용하는 자본 자유화 정책을 추진할 경우 빨리 갚아야 하는 돈보다 천천히 갚아야 하는 돈의 비중을 더 늘리도록 금융 감독을 해야 하는데 이에 실패했다는 의미다.

---

규제 완화, 즉 기업이 해외에 투자하거나 해외로부터 돈을 받는 것을 자유롭게 하면서도 다른 한편으로 신중을 기하지 못했다는 사실이다. 당시 김영삼 정부가 기업들의 투자 규제를 한꺼번에 자유롭게 해준 것은 아니다. 다만 김영삼 정부의 업종 전문화 정책이 의도하지 않은 결과를 낳았다는 것이 문제다.

정부는 기업들에 대해 그룹별로 전문 업종을 선택해 해당 업종에 특화된 대기업 그룹으로 발전해나갈 것을 촉구했다. 이전처럼 문어발식으로 이것저것 다 하는 것이 아니라 주력 업종을 정해서 10대 대기업은 3개, 11대 이하부터는 2개까지 업종을 선정하고 그것을 중심으로 기업을 키우도록 지원한 것이다. 예를 들어 10대 재벌 기업 중 하나가 자동차, 전자, 백화점, 할인 마트, 정유소, 조선업 등을 모두 운영하고 있다면 이 중 세 가지를 주력 업종으로 선정하여 집중하라는 것이다.

그런데 대기업은 주로 대규모 투자가 필요한 업종들을 주력 업종으로 선정했기 때문에 외국 자본을 적극 들여왔다. 이로 인해 정부의 의도와는 관계없이 기업 간의 중복 투자나 대규모 투자가 경쟁적으로 단기간에 이루어졌다. 결국 과잉 투자로 말미암은 수익성 하락과 무모한 빚 부담으로 기업들은 부도 사태를 맞은 것이다.

**과도한 개방**

이와 더불어 1997년 이전에 진행된 한국 정부의 개방 정책이 한국 사회가 감당할 수 없을 정도로 급속하고 광범위하게 진행되었다는 점 역시 내부 요인을 검토해야 하는 이유로 지적되어야 한다. 이것이 한국의 경제와 사회의 체질을 허약하게 만들었기 때문이다.

노태우 대통령에서 김영삼 대통령으로 이어지는 민간 정부는 1990년대에 접어들면서 정부 주도의 계획 경제에서 시장 주도의 개방 경제로 변화해나갔다.

기존의 정부가 주도하는 경제 성장은 시장 개방보다 국내의 산업을 보호하는 데 더 치중했다는 점에서 자유 무역의 원리에 바탕을 둔 것이 아니었다. 하지만 민주화의 결과, 기존처럼 정부가 국민의 기본권까지 무시하면서 경제 성장을 모색할 수 없게 되었다. 경제 성장을 위한 새로운 정책이 필요해진 것이다. 또한 선진 자본주의 국가들의 시장 개방 요구를 외면할 수도 없었다. 사실 꾸준히 경제 성장을 이뤄온 한국은 외국 자본에 상당히 매력 있는 시장이었다. 따라서 내부 요인과 외부 환경의 변화가 정부 주도에서 시장 주도로의 이행을 요구한 것이다. 이제 그 과정을 살펴보자.

1987년 이전까지 경제 성장의 주체는 정부와 기업이었다.

인천항에서 수출을 위해 선적을 기다리는 자동차. 국가 주도형 발전 국가 모델은 한국이 빠른 경제 성장을 이룬 원동력이었다는 평가도 있다

1960년대 수출 지향의 산업 정책, 1970년대 중화학 공업의 육성 정책, 1980년대 첨단 산업 육성 정책 등이 대표적인 예이다.

그러나 1987년 이후에는 정부와 기업 외에 근로자, 소비자, 시민 단체 등도 경제 성장의 주체가 되었으며 그 결과 국민의 다양한 소비 욕구에 걸맞은 상품 생산과 판매가 점차 중요해졌다. 또한 더는 정부 주도의 경제 개발이 어려워지자 해외 자본을 적극 유입해 경제 성장을 해야 한다는 요구가 정부 내에서도 힘을 얻었다. 이는 이미 전 세계에서 이루어지고 있던 세계화 추세와 맞물려 설득력을 얻었다.

김영삼 정부는 집권 초기부터 세계화와 국가 경쟁력 강화를 주요 목표로 제안하면서 '경쟁과 효율성'을 '민주주의와 평등'보다 훨씬 강조했다. 이 같은 방침은 1990년부터 1994년까지 경제 호황에 기여했다. 이에 자신감을 얻은 정부는 기업과 금융 기관의 해외 투자 혹은 해외 기업이나 금융 기관의 국내 투자를 허용하고 OECD 가입을 서둘렀다.

OECD 가입은 매우 중요한 의미가 있기 때문에 좀 더 자세히 살펴볼 필요가 있다. OECD는 1961년 9월 30일 출범한 미국 등 선진국 중심의 세계 경제 협력 기구이며 개방된 시장 경제, 다원적 민주주의 그리고 인권 존중을 지향한다. OECD의 회원국은 창설 당시 영국을 비롯한 유럽 국가와 미국, 캐나다 등 20개국이었다. 그 후 일본(1964년), 핀란드(1969년), 오스트레일리아(1971년), 뉴질랜드(1973년)가 가입했으며, 멕시코(1994년), 체코(1995년), 헝가리(1996년), 폴란드(1996년)에 이어 1996년 한국이 가입하면서 회원국은 29개국으로 늘어났다.

OECD는 WTO처럼 세계화를 목적으로 다자간 협상을 위해 창설된 국제기구가 아니라 가입국 간의 관심 분야나 현안에 대해 정부 차원의 협의와 협조를 도모하고자 설립된 조직체다. 따라서 법적 구속력을 발휘하는 WTO와 달리 OECD는 강제성이 없으며 회원국의 합의에 따라 운영된다는 점이 특징이다.

OECD에 가입하려면 조직의 목적과 이념을 지지하고, 특히 자유 무역과 시장 경제라는 OECD의 공통 가치관에 부응해야 한다. 뿐만 아니라 OECD로부터 정식 초청을 받아야 한다는 점에서 가입 전에 미리 그에 걸맞은 시장 개방과 정치 자유화가 이루어져야 한다. 특히 중요한 것은 OECD는 자유 무역 확대를 위한 정부 차원의 협의체일 뿐만 아니라 그 목적에 개발도상국 지원이 명시되어 있기 때문에 여기에 가입할 경우 개발도상국으로서 받았던 예외적 대우가 사라지고 개발도상국에 대한 지원 경비를 부담해야 한다. 이 때문에 선진국만 OECD에 가입하는 것은 아니지만 초청받았다는 사실이 선진국임을 자임하게 한다.

따라서 OECD 가입 국가의 정부는 그에 걸맞은 행동을 해야 하며 한국 정부가 OECD 가입을 계기로 자본 시장 개방, 금융 자유화, 외국인 투자 관련 산업 개방, 노사 관련 법규 제정, 개발도상국 지위 관련 자유화 조치 등에 착수한 것도 이 때문이다. 또한 OECD에서는 매년 국가별 보고서를 작성하고 미흡한 사항에 대해서는 개선을 권고하기 때문에 정부 역시 그에 부응할 수밖에 없다.

OECD 가입 효과에 대해서는 여러 가지 의견이 있다. 첫 번째는 OECD 가입이 성급했다는 것으로, OECD 가입과 그에 따른 자유화가 IMF 위기의 간접 원인이 되었다는 주장이다. 특히 가장 문제가 되는 투기성 자본의 유입을 도왔다는 사실을 강조한다.

'선진국 클럽'으로 불리는 OECD 회원국이 된 우리나라는 개발도상국에서 선진국으로 국가 이미지를 한 단계 높일 수 있었으나 OECD 회원국이 된 지 1년 만에 외환 위기를 맞아 빛이 바랬다. 물론 외환 위기 이후 각 부문에 끼어 있는 '거품'을 걷어내며 경제 규모를 키웠으나 삶의 질은 아직까지 OECD 최하위권에 머물러 있는 게 현실이다. 특히 양극화가 심화되면서 서민들의 삶은 더욱 어려워졌다.*

하지만 이에 반대하는 두 번째 의견은 OECD 가입의 효과를

---

* "OECD 가입 10년 성장률 3위……삶의 질 최하위권," 〈경향신문〉 2006년 9월 22일.

부정적으로만 보아서는 안 된다고 주장한다. OECD 가입이 시대의 요구였고 가입에 따라 자본 이동의 자유화 규약을 준수해야 한다고 해서 반드시 단기성 투기 자금(핫머니)만이 국내로 들어오는 것은 아니라고 한다.

금융 시장과 관련해 정부는 OECD 가입 이전 이미 1994년 확정된 '외환 제도 개혁 5개년 계획'으로 금융·외환 부문의 체계적인 개혁을 이행해왔으며 자유화 규약과 관련해 서로 다른 신규 회원국보다 많은 '유보'를 얻어낸 상황이었다. 1996년 10월 당시 OECD 자본 시장 자유화 규약 '유보' 수를 보면, 한국이 41개로 멕시코(25개), 체코(32개), 헝가리(40개)보다 적었다. 1997년 외환 위기의 주된 원인으로 일부에서 주장하는 단기 외화 차입 등 단기 자금 유출입은 국내 금융 자유화 계획에 따라 OECD 가입 이전에 이미 자유화된 상태였으며 OECD가 요구한 항목에는 포함되지 않았다. 오히려 OECD 회원국이 되어 경제 제도 개혁 작업을 추진하게 됐고 이로 말미암아 외환 위기의 원인이던 우리 경제의 구조적 문제를 극복하는 계기가 마련됐다고 보는 것이 타당하다.\*

물론 경제 제도의 선진화 등 OECD의 요구에 충분히 대응하

---

\* "경제 규모 걸맞게 시스템도 선진화", 〈국정브리핑〉 2007년 7월 31일.

지 못했다는 점에서 더 많은 노력이 요구되지만 성과가 더 많다는 판단이다.

어쨌든 김영삼 정부의 세계화 및 국가 경쟁력 강화 정책은 한국의 경제를 개방 경제로 바꾸는 데 중요한 역할을 했다. 아래의 표를 보면 1982년에 76.6퍼센트였던 수입 자유화율이 OECD에 가입한 1996년에 99.3퍼센트로 증가했으며 평균 관세율은 23.7퍼센트에서 7.9퍼센트로 크게 낮아져 급속한 시장 개방이 이루어졌음을 확인할 수 있다.

〈표 5〉 한국의 수입 자유화율과 평균 관세율

(단위 : 퍼센트)

|  | 1982 | 1984 | 1986 | 1988 | 1990 | 1992 | 1994 | 1996 |
| --- | --- | --- | --- | --- | --- | --- | --- | --- |
| 수입 자유화율 | 76.6 | 84.8 | 91.5 | 95.3 | 96.3 | 97.7 | 98.6 | 99.3 |
| 평균 관세율 | 23.7 | 21.9 | 19.9 | 18.1 | 11.4 | 10.1 | 7.9 | 7.9 |

출처 : 박상태, 《관세정책의 변천과 평가》(한국조세연구원, 1997)

기업의 자금 조달 원천 역시 바뀌었다. 1985년까지 내부 자금 조달 비중은 32.2퍼센트였으나 1996년이 되면 29.0퍼센트로 낮아지고 대신 외부 자금 조달 비중이 67.7퍼센트에서 70.9퍼센트로 늘어난다. 특히 외부 자금 조달에서 주식이나 채권 발행을 통한 직접 금융이 차지하는 비중이 1985년 30.2퍼센트에서 1996년에는 41.0퍼센트로 증가한다. 이는 대기업의 경우 정부가 관리하는 국내 은행 등의 금융 기관에서 자금을 얻는 방식을 벗어나 해외로부터 독자적으로 자금을 조달하는 능력도 어느 정도 갖추기 시작했음을 의미한다.

또한 일부 학자들은 경제 위기 바로 직전까지 한국이 세계화의 물결 속에 적극 몸을 던졌다는 사실보다는 이 같은 변화 속에서도 한국형 발전 국가 모델이 여전히 존속된 것이 문제를 일으켰다고 평가한다.

이들은 한국을 포함한 일본, 대만 등 동아시아의 경제 성장의 원인을 발전 국가라는 특성으로 설명하며, 발전 국가의 특징을 다음과 같은 세 가지로 요약한다. ①정부의 기업에 대한 규율 : 정부는 경제 개발 계획을 수립하고 이에 필요한 자금을 조달하고 어디에 투자해야 하는지를 설정하며 기업은 이에 맞추어 경제 성장에 협력한다. ②정부와 기업 간의 관리된 상호 의존성 : 이른바 정경 유착이라고 하는 정부와 기업 간의 긴밀한 관계가 경제뿐만 아니라 여타 부분에서도 형성되어 서로 코드를 맞춘다. ③개입주의 국가 : 정부는 환율을 조정하고 물가 인상과 임금 인상에 대한 가이드라인을 정하며, 노동 쟁의에 개입할 뿐만 아니라 시장 개방의 순서나 단계도 정한다.

발전 국가에서 정부 관료는 기업과 긴밀한 관계를 맺고 있으나 경제 정책을 비롯한 모든 정책 결정 과정에서는 기업의 영향력으로부터 자유로웠다. 그리고 이 관계를 연결하는 도구는 은행 등의 관치 금융이었다. 정부가 해당 기업에 금융 지원을 해주어 성장을 지원하며, 기업의 실패 역시 정부가 국민의 세금을 동원해 부담해주는 것이다. 이러한 정부-금융-기업의 관계가 김영삼 정부 때도 약화되긴 했지만 여전히 유지되었다.

   또한 이들은 1997년 외환 위기가 이 같은 발전 국가 모델 때문에 발생했다고도 지적한다. 즉 1990년대 들어 정부가 적극 나서서 세계화를 표방했으나 여전히 기업을 정부의 관리와 통제 아래 두면서 기업이 자율적으로 세계화에 합류하는 것을 어렵게 만들었다는 것이다. 정부와 기업 모두 세계화에 대응할 충분한 능력이 없는데도 발전 국가 모델을 그대로 유지한 탓에 외환 위기가 발생했다는 지적이다.

**깊이 읽기**

## 위험 사회와 사회적 배제

1997년 한국의 경제 위기가 던진 사회적 충격은 매우 컸다. 그동안 경시되었던 노동 문제 특히 '비정규직 현상'이나 사회적 양극화가 사회적 쟁점으로 부각되었을 뿐만 아니라 울리히 벡의 위험 사회론이 재조명되고 '사회적 배제social exclusion' 문제가 대두되었다.

울리히 벡은 '산업 사회' 즉 '노동 사회'와 '위험 사회'를 구분한다. 노동 사회는 생산과 분배를 둘러싼 계급 형성과 핵가족에 기반을 둔다. 노동 사회는 산업을 가족으로부터 분리하고 노동 시장의 논리에 의해 사회 구조를 규정하며 완전 고용과 능력주의에 의한 사회 보장 제도를 발전시킨다. 효율성, 전문성 그리고 대외 민주주의에 입각한 의사 결정 구조가 노동 사회의 핵심이다.

반면 위험 사회는 노동 사회의 자기 조절 장치가 더 이상 작동하지 않는 사회이며 산업 사회 시스템의 실패, 기존 제도와 관행의 무능과 불확실성을 그 특징으로 한다. 불완전 고용과 실업 증대, 빈부 격차의 확대, 독신 가구의 증가, 이혼과 재혼 및 홀부모 가족의 증가, 사회적 안전망의 붕괴, 유권자의 관심과 괴리된 대의 민주주의 등이 중요한 특징이다. 사회는 더 이상 합리적이지도 예측 가능하지도 계산 가능하지도 않다. 이것은 특정 집단에 대한 사회적 배제와 결합된다. 사회적 배제는 자격 박탈social disqualification이나 사회적 축출social disaffiliation을 통해 사회와 개인의 관계를 파괴하는 과정이다. 또한 이것은 빈곤과 불평등 현상에 대한 새로운 접근법인데, 경제적 수준뿐만 아니라 정치·사회·문화적 수준에서의 다양한 불이익에 주목하고, 사회적 주류 집단으로부터 특정 집단이 배제되는 관계를 강조하며, 그것이 이루어지는 과정에 초점을 맞추기 때문이다. 1997년 한국의 경제 위기 및 그 이후의 과정은 한국에서의 위험 사회와 사회적 배제 현상을 넘어선 사회의 재구조화, 새로운 사회적 관계 모델에 대한 관심을 촉발했다는 점에서 위기이자 동시에 기회이기도 하다.

# 5장

2008년 경제 위기와 한국

# 1

## 2008년 경제 위기의 특징

**구제 금융의 부작용**

1997년 경제 위기는 외부 요인의 작용이 크긴 했지만 내부 요인 역시 없지 않았다. 하지만 라틴 아메리카 국가나 다른 동남아 국가보다 상대적으로 건강했던 한국은 구제 금융을 받은 다른 나라들보다 빠르게 위기를 극복했다. 그러나 위기를 극복한 후 10년 동안 우리 사회는 그 대가를 치러야 했다. 사회 양극화로 대변되는 심각한 사회적 위험이 늘었으며, 경제의 개방과 대외 노출은 1997년 이전보다 훨씬 더 커졌다. 위기를 극복하는 과정을 통해 이 같은 결과를 확인해보자.

1997년 11월 유례없는 위기 상황에 몰린 한국 정부는 대외 채무를 갚지 못해 발생할지도 모를 국가 부도 사태를 예방하고자 IMF의 강력한 경제 개혁 요구, 특히 시장 개방 등을 받아들이는 조건으로 IMF 구제 금융을 수용한다고 발표했다. 외환 보유고를

### 금융 구조 조정

1997년 경제 위기 당시 IMF는 강력하게 금융 체제 개혁을 요구했고, 그 결과 금융 기관에 대한 구조 조정이 단행되었다. 1998년 6월 경기·대동·동화·동남·충청 은행 5곳이 퇴출당한 것을 시작으로 당시 33개이던 은행이 18개(2008년 기준)로 줄어들었고, 2,100여 개의 금융 회사 가운데 890개가 문을 닫았다. 그러나 금융 구조 조정 이후 우리 금융 산업의 체질이 튼튼해지고 경쟁력이 높아졌는가에 대해서는 비판의 시각이 존재한다.

아이슬란드의 수도 레이캬비크. 아이슬란드는 적극적인 금융 개방 정책을 펼치며 금융 허브 국가를 꿈꿨지만, 2008년 세계 금융 위기의 여파로 IMF로부터 구제 금융을 받았다. 한국 경제 또한 외국 자본에 대한 의존율이 높아 세계 경제의 변동에 큰 영향을 받는다

늘리고 외채를 줄이는 한편 부실 금융 기관과 기업을 정리하지 않으면 위기를 탈출할 수 없었기 때문이다.

당시 IMF는 구제 금융을 지원하는 조건으로 다음과 같이 긴축 정책과 경제 개방을 위한 제도 개선을 요구했다.

첫째, IMF는 은행 부실을 중시해 구조 조정의 초점을 은행에 맞추었다. 그러나 금융 구조 조정을 하는 과정에서도 대우 사태 등 기업의 부도로 금융 위기가 반복되자, 기업의 구조 조정 없이 금융권의 정상화가 어렵다는 사실을 깨닫고 기업의 구조 조정도 강조했다.

둘째, IMF는 정부의 재정 지출을 줄이는 긴축 정책과 더불어 높은 금리를 유지해 돈 쓰는 것을 어렵게 하고 투자를 억제하는 대신 저축을 늘려 경상 수지 개선과 물가 안정을 실현할 것을 요구했다.

셋째, 그 과정에서 외국인의 적극 투자와 무역 자유화, 자본 시장 개방으로 외환 부족을 해소하는 한편 한국이 기존보다 더 시장을 개방해야 한다는 사실에 초점을 맞추었다. 특히 해고 자유 등의 노동 시장 유연화가 외국인 투자를 유치하게 한다는 점에서 경쟁, 효율성 등도 강조했다. 더불어 한국에서 계속 노동 쟁의가 발생하는 것은 인권이나 복지의 미흡에도 원인이 있다고 보고 이에 대한 확충도 함께 요구했다.

결국 IMF는 한국의 기존 모델, 즉 정부가 주도하는 발전 국가 모델을 해체하고 자본 시장을 더 개방하고 경제의 체질을 개선할 것을 요구한 것이다.

한국은 이러한 요구에 적극 부응했다. 손꼽을 만한 것이 은행에 대한 정리다. 한국 정부는 은행의 구조 조정을 위해 공적 자금 160조 원의 50퍼센트를 사용했다. 금융 구조 조정의 결과 2003년 6월까지 5개 은행이 문을 닫았고 10개 은행이 다른 은행과 통합되었다. 771개 비은행권(제2금융권) 금융 기관이 정리되었으며 152곳이 영업 정지되었다. 금융 구조 조정과 금융 통합 결과, 1997년 말 기준으로 2,103개이던 금융 기관은 2006년 말에 1,315개로 줄었다. 금융 기관의 대형화와 그룹화가 매우 빠르

> 기존에 은행은 정부의 후견인 역할에 힘입어 기업에 적극 돈을 빌려주었다. 그러나 IMF 구제 금융 이후 은행은 정부와 기업 모두로부터 독립했고, 특히 금융 구조 조정 과정에서 외국인 투자자들의 지분이 높아지면서 은행의 자율성이 매우 커졌다.

게 이루어진 것이다.

또한 은행의 성격도 바뀌었다. 기존에 은행은 정부의 후견인 역할에 힘입어 기업에 적극 돈을 빌려주었다. 그러나 IMF 구제 금융 이후 은행은 정부와 기업 모두로부터 독립했고, 특히 금융 구조 조정 과정에서 외국인 투자자들의 지분이 높아지면서 은행의 자율성이 매우 커졌다. 하지만 이 같은 은행의 자율성이 한국 기업이나 경제에 반드시 유리하지 않다는 데 문제가 있다.

금융감독원에 따르면 1997년 경제 위기를 극복한 후 은행권의 당기 순이익이 2003년 1조 7,000억 원에서 2004년 8조 8,000억 원으로 급증했고 2007년에는 약 15조원을 기록했다. 그런데 은행의 순이익 증가 요인을 살펴보니 아파트를 담보로 돈을 빌려주면서 발생하는 이자 수익, 신용카드 이용 실적 확대에 따른 이자 수익, 은행의 수수료 수익 때문인 것으로 나타났다. 은행이 기업에 투자하고 경제를 활성화하기보다는 주로 서민들의 주머니에서 이익을 챙긴 것이 아니냐는 비판이 일 수밖에 없다.

예를 들어 한국은행의 2005년 자료에 따르면 은행의 수수료 수익이 1991년 38.7퍼센트에서 2003년 125.4퍼센트로 늘었다. 이처럼 수수료 수익이 증가한 것은 〈그림 5〉에서처럼 신용카드 수수료와 원화 수입 수수료가 늘었기 때문이다. 그런데 원화 수입 수수료의 대부분을 송금 수수료, 자동화 기기(CD/ATM) 이용 수수료, 수익 증권 및 방카슈랑스 판매 수수료가 차지한다. 은행

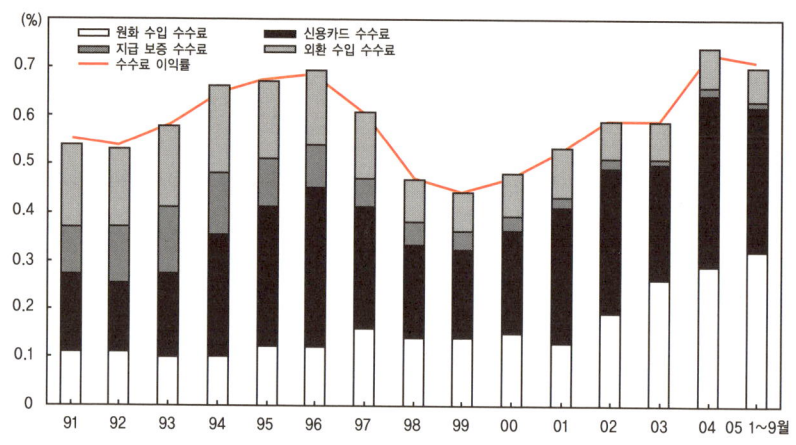

〈그림 5〉 국내 은행 수수료 수익 추이

2005년 1~9월 중은 연률 기준
출처 : 한국은행(2005)

권이 가계 대출 및 국채 등 안전 자산 위주의 자산 운용 행태에서 벗어나야 한다는 지적이 제기되는 이유가 여기에 있다.

다음으로 이 이익이 어디로 갔는지를 살펴보면, 은행의 순이익은 법정 적립금(10퍼센트)과 임의 적립금, 그리고 배당, 즉 주주에게 이익을 배분하는 용도로 사용된다. 문제는 이 배당의 대부분이 외국인 투자자들에게 돌아간다는 사실이다. 국민은행은 2004년 배당금의 84퍼센트를 외국인에게 지급했다. 이처럼 은행이 가계 대출이나 수수료 인상 등을 통해 수익을 냄으로써 서민들의 돈이 외국인 투자자의 호주머니로 들어가는 현상은 IMF

구제 금융의 조건을 충실히 이행한 결과라는 것이 전문가 의견이다.

또한 기업 경영의 투명성 확보 및 구조 조정의 촉진이나 물가 안정 등도 IMF의 고금리-긴축 정책 요구를 반영한 것이라고 할 수 있다. 하지만 고금리와 긴축 정책은 성장률을 떨어뜨릴 뿐만 아니라 수많은 기업의 부도라는 부작용을 낳을 수 있다. 금리가 높아지면 기업의 부채 비중이 더 무거워질 수밖에 없기 때문이다. 100원을 빌릴 경우, 연 1퍼센트이던 이자율을 연 2퍼센트로 높이는 고금리 정책으로 기업은 101원이 아니라 102원을 갚아야 한다. 이것이 수억 원, 수십억 원이 될 경우 이자율은 기하급수적으로 늘어나 이를 감당할 수 없는 기업은 망할 수밖에 없게 된다. 자칫 잘못하면 건전한 기업조차 유지하기 어려워질 수도 있다. 외국 자본에게는 이 상황이 새로운 기회가 되는데 상대적으로 건전한 기업을 합병하거나 주식 소유의 비중을 늘릴 수 있기 때문이다. 다음으로 금리가 높으면 기업이 적극 돈을 빌려 투자를 하려 하지 않기 때문에 성장 잠재력이 떨어지고 경제 성장률도 낮아질 수밖에 없다.

IMF 요구 사항의 부작용은 이뿐만이 아니다. 가장 문제가 된 것이 노동 시장의 유연성 제고였다. 당시 노사정은 경영이 어렵다는 이유로 해고를 인정하는 정리 해고에 합의했다. 동시에 파견 근로를 비롯한 비정규 근로를 부분 허용했다. 경제 위기 극복

> IMF 구제 금융 덕분에 3년 만에 경제 위기에서 탈출했지만, 그 결과 한국 사회는 소득 불평등 심화와 사회적 위험 증가라는 중대한 변화를 겪게 되었다.

을 위한 어쩔 수 없는 처방이긴 했으나 이는 경제 위기를 극복한 후에도 근로자들의 삶의 질을 떨어뜨리고 부익부 빈익빈을 양산하는 결과를 낳았다.

더불어 실업 대책이나 금융 기관 및 기업 부문의 대규모 부실을 정리하고자 대규모 공적 자금을 투입했는데 그 과정에서 공적 자금 조성과 투입 시기가 부분적으로 늦어져 기업 부도가 확산되는 경우도 발생했다. 또한 공적 자금을 조성하기 위해 외국 자본을 받아들이거나 대규모 공공 기관을 외국 자본에 팔아넘기는 과정에서 외국 자본에 문호가 개방되었다. 더군다나 공적 자금의 투입으로 기업의 부채 비율은 낮아졌지만 국가의 채무(국채)는 늘어날 수밖에 없었다.

결국 IMF 구제 금융 덕분에 3년 만에 경제 위기에서 탈출하고 2000년 12월 4일 김대중 대통령은 "한국이 IMF 위기에서 완전히 벗어났다"고 공식 발표했지만, 그 결과 한국 사회는 소득 불평등 심화와 사회적 위험 증가라는 중대한 변화를 겪게 된 것이다.

2006년 OECD 보고서는 전 세계를 크게 두 가지 국가군으로 분류한다. A 국가군은 영국, 미국, 일본, 캐나다 등으로 소득 양극화는 크지만 이와 동시에 고용률이 높다. 반면 B 국가군인 독일, 프랑스, 스웨덴, 노르웨이 등은 소득 양극화는 작은 반면 정부의 사회 보장에 따른 재정 지출의 비중이 높고 고용률이 낮다. 그런데 2000년대 상반기에 B 국가군의 고용이 높아져 A 국가군과 고용 능력이 비슷해졌다는 것이 OECD의 재평가이다. 결국 A 국가군과 B 국가군 모두 고용에서는 좋은 성적을 보였지만 전자는 소득 양극화, 후자는 정부의 재정 부담이라는 서로 다른 문제를 안고 있는 것이다.

그런데 A 국가군으로 분류되는 한국은 A 국가군의 단점인 소득 양극화가 매우 심할 뿐만 아니라 고용 창출 능력도 낮아서 A 국가군의 장점도 갖지 못한 것으로 평가된다. 경제 전문가들이 1997년 경제 위기 이후 한국의 가장 큰 문제점을 성장 잠재력 약화와 낮은 경제 성장률, 낮은 고용률과 사회적 양극화라고 하는 이유가 여기에 있다.

IMF의 경제적 신념에 충실하게 부응했지만 그 결과 정부의 힘은 약화되고 시장의 힘은 커졌다. 모든 것이 효율성의 원리에 좌우되기 시작했다. 경제 위기 이후 10년간의 한국 사회의 어두운 자화상은 위기를 극복하는 과정에서 이미 그 토대가 마련된 것이다. 만약 다시 한번 책임 소재를 따진다면 IMF는 한국의 경제 위기 발생보다 그 후 10년에 대한 책임이 더 크다고 할 수 있다. IMF의 요구를 받아들일 수밖에 없는 상황에서 그 프로그램대로 위기를 극복할 경우 모든 국가가 봉착한 문제를 한국 역시 동일하게 떠안았다. 2008년 다시 발생한 경제 위기에서 한국이 유독 진통을 겪는 이유도 구제 금융 이후 10년간의 부작용에 있다.

**2008년 경제 위기**

2007년 12월 우리 국민은 CEO 출신의 대통령을 선택했고 2008년 18대 총선에서도 같은 선택을 했다. 이는 1997년 이후 10년 간 더욱 고달파진 삶을 바꿔보려는 처절한 몸부림이다. 오죽하면 '집단 로또'의 꿈을 꾸었을까. 총선에서 왜 한나라당을 찍었느냐는 질문에 대한 다음과 같은 대답은 절박한 상황에 내몰린 우리 국민의 정서를 대변하는지도 모른다. "우린 그 사람 몰라요. 뉴타운 유치해서 집값 올려줄 것 같아 찍었어요."

2007년과 2008년의 선거 결과는 자식 교육시키고 먹고살아야 한다는 절절함, 저임금 근로자 비중이 OECD 국가 중 최고인데다 늘어나는 일자리도 대부분 비정규직이며 정규직의 구조 조정 바람마저 거세어 돈 벌기는 틀렸다고 좌절한 사람들의 선택이었다. 하지만 1년도 채 안 되어 또다시 경제 위기가 터졌다. 미국발 금융 위기를 예측하기란 어려운 일이었지만 1997년 경제 위기를 극복한 과정을 보면 2008년 위기는 충분히 예견할 수 있는 것이었다.

2008년 경제 위기의 진전 속도는 1997년 당시처럼 급속하지는 않다. 그러나 IMF의 요구대로 진행된 위기 극복 과정에서 경제 상황이 속속들이 밝혀지는 등 외부에 너무 노출된 탓에 정부나 기업, 국민이 할 수 있는 일이 그다지 많지 않다. 다시 고통 분담을 이야기하지만 국민이 분담할 것이 더는 남아 있지 않다

> 지금 서민들은 양보할 만한 것이 없다. 사회적 양극화를 10년 겪고 난
> 지라 더 이상의 노동 시장 유연화에 합의하기도 어렵고, 80퍼센트 이상
> 의 노동자들이 늘 구조 조정이나 비정규직의 덫에 걸려 있는 상황에서
> 고용 안정 합의도 쉽지 않다.

는 데 문제가 있다. 1997년 경제 위기는 그나마 꿈의 10년, 중산층이 경제를 이끌던 10년 직후에 발생했기 때문에 버틸 재산이라도 있었고, 퇴직금이라도 두둑했다. 하지만 그 후 10년간 퇴직금도 바닥을 드러내고 비정규직으로 살았던 사람들은 2008년 경제 위기가 더 추울 수밖에 없다.

더군다나 1997년 경제 위기 당시에는 노사정 대타협을 이룰 수 있었다. 김영삼 정부에 뒤이어 출범한 김대중 정부는 IMF의 요구를 적극 수용하고자 정부와 기업 그리고 노동계의 사회적 대타협을 추진했다. 그 결과 1998년 1월 15일 노사정위원회가 출범하고, 2월 6일에 경제 위기를 극복하기 위한 사회 협약이 정부, 기업, 노동계의 합의 아래 이루어졌다.

당시의 2·6 사회 협약은 ①기업의 경영 투명성 확보 및 구조 조정 촉진 ②물가 안정 ③고용 안정 및 실업 대책 ④사회 보장 제도의 확충 ⑤임금 안정과 노사 협력 증진 ⑥노동 기본권 보장 ⑦노동 시장 유연성 제고 ⑧수출 증대 및 국제 수지 개선 ⑨경제 위기 극복을 위한 기타 사항 ⑩국민 대통합을 위한 건의 사항 등 10대 의제와 90개 조항으로 이루어져 있다. 이는 당시 노사정이 타협할 사항이 있었음을 뜻한다.

그런데 지금 서민들은 양보할 만한 것이 없다. 사회적 양극화를 10년 겪고 난지라 더 이상의 노동 시장 유연화에 합의하기도 어렵고, 80퍼센트 이상의 노동자들이 늘 구조 조정이나 비정규

직의 덫에 걸려 있는 상황에서 고용 안정 합의도 쉽지 않다. 그나마 10년 전에는 기초적인 사회 보장 확립 수준에서 합의가 가능했으나 지금은 그보다 훨씬 더 근본적인 개혁이 요구된다. 쉽게 합의할 수 있는 상황이 아닌 것이다.

〈그림 6〉에서와 같이 최근 취업 증감률이 마이너스를 기록했다. 일하는 것 외에 먹고살 수단이 없는 사람들에게는 긴 겨울의 시작이다. 이보다 더 심각한 문제는 경제 위기를 극복한다 하더라도 1997년 이후 10년간의 상황이 반복되지 않으리라는 보장이 없다는 사실이다. 한국은 이 굴레를 벗어날 수 있을까?

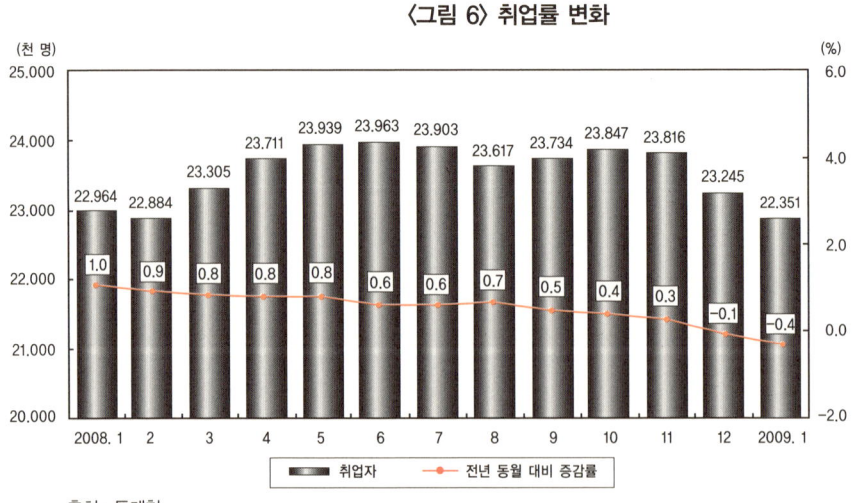

〈그림 6〉 취업률 변화

출처 : 통계청

# 2

# 위기 극복의 동력

**민주화, 1980년**

굴레가 더 조여오는 것 같을 때, 그래서 앞이 보이지 않을 때, 한 발자국 뒤로 물러나거나 걸어온 길을 되돌아보는 것이 필요하다. 앞으로 나아갈 힘은 종종 걸어온 길 어딘가에 있기 때문이다. 잊었던 것 그래서 놓쳤던 것을 현재의 관점에서 되살리고 새로운 눈으로 바라보는 것, 바로 '과거와 현재의 대화'가 네 번째 시나리오인 것을 기억하면서 두 번째 시간 여행을 떠나보자.

   1980년대의 민주화는 절망감이 가득한 상황에서 이루어졌다. '민주주의는 피를 먹고 자란다'고 입버릇처럼 되뇐 사람들조차 자기 시대에 민주화가 될 것이라고 믿지 못했다. 그런데 급속한 산업화를 가능하게 한 한국인의 힘은 민주화의 힘으로 바뀌었다. 그 힘이 이제 새롭게 다른 모습으로 나타날 것이라고 생각한다면 다만 상상에 불과한 것일까? 여기에 대답하려면 그 힘이

> 당시 한국은 권위주의 정권 혹은 군부 독재 정권으로 불리던 정부가 권력을 쥐고 국민 대다수의 기본권을 제한했고 무엇보다 대통령을 국민이 직접 뽑을 권리가 없었다.

무엇이었는지 역사에서 배우는 것이 우선 필요하다.

두 번째 시간 여행을 통해 우리가 도착한 곳은 1980년대의 한국이다. 1980년대 중반까지만 해도 한국은 민주주의 국가가 아니었다. 물론 대한민국 헌법 제1조는 "대한민국은 민주공화국이다. 대한민국의 주권은 국민에게 있고, 모든 권력은 국민으로부터 나온다"라고 규정하고 있다. 하지만 헌법과 현실은 반드시 일치하지 않으며 1980년대 중반 이전의 한국이 그러했다.

당시 한국은 권위주의 정권 혹은 군부 독재 정권으로 불리던 정부가 권력을 쥐고 국민 대다수의 기본권을 제한했고 무엇보다 대통령을 국민이 직접 뽑을 권리가 없었다. 주권이 국민에게 없었던 것이다. 또한 집회를 하거나 언론을 통해 스스로 의사를 표현할 자유, 노동조합이나 시민 단체와 같은 조직을 만들 자유, 해외 여행을 하거나 외국 상품을 판매 혹은 구매할 자유 등이 없거나 매우 제한되었다.

반면 한국 경제는 눈부신 성장을 일구었다. 모든 권력을 장악한 정부가 선진 자본주의 국가들의 지원을 받아 경제 개발 계획을 수립하고 낮은 임금으로 노동력을 착취했을 뿐 아니라 환경 문제 등을 전혀 고려하지 않은 채 마음대로 국토 개발을 할 수 있었다. 국민의 정치·사회적 자유를 제한하고 정부가 무소불위의 권력을 가진 채 경제 성장을 주도한 결과, 한국은 다른 나라가 100년 혹은 200년이 걸려서 이룬 경제 성장을 30년 만에 이루었고 대만, 싱가포르, 홍콩과 함께 '아시아의 네 마리 용'으로 불렸다. 하지만 정치, 문화, 사회의 발전이 억압되면서 국내에서는 사회적 갈등이 심해졌다. 교육과 기술 수준이 높아질수록 사람들은 적정한 임금을 요구하기 마련이다. 적정한 임금은 소비를 창출함으로써 내수 시장을 진작시켜 경기 활성화에 기여한다는 점에서 매우 필요하다. 또한 경제가 성장하면 물가가 오르고 사람들은 더 많은 돈이 필요하게 되어 낮은 임금을 주려는 정부 또는 기업과 충돌하게 된다.

  돈 혹은 임금만이 문제라면 오히려 해결하기 쉽다. 모든 사람이 밥을 먹기도 어려울 때는 민주주의는 사치스러운 것일 수 있다. 그러나 개인의 자유를 포기하고 열심히 일했음에도 정치적 자유가 여전히 먼 나라의 일이 되면 사람들은 묻게 된다. 왜 우리는 경제 성장을 하려 하는가? 밥만 잘 먹고 살면 그것으로 충분한가? 인간이 동물과 다르다는 것은 무엇을 의미하는가? 배고픔 이상으로 자유롭고 다양한 사회 문화에 대한 갈망, 민주주의에 대한 갈망도 사람이 살아가는 데 중요하다. 특히 교육 수준이 높아질수록 정치·사회·문화적 갈증이 심해져 사람들은 정부의 독재와 억압에 저항하게 된다.

  국민의 불만과 저항이 커지고 질문이 늘어나면 정부는 두 가지 방향 가운데 하나를 선택하게 된다. 정치적 자유를 허용하면서 경제 성장과 정치·사회의 발전을 서로 조화하는 정책을 쓰

눈부신 경제 성장을 이루어 '아시아의 네 마리 용'이라 불렸던 대만, 싱가포르, 한국, 홍콩(위에서부터)

국민의 정치·사회적 자유를 제한하고 정부가 무소불위의 권력을 가진 채 경제 성장을 주도한 결과, 한국은 다른 나라가 100년 혹은 200년이 걸려서 이룬 경제 성장을 30년 만에 이루었고 대만, 싱가포르, 홍콩과 함께 아시아의 네 마리 용으로 불렸다. 하지만 정치, 문화, 사회의 발전이 억압되면서 국내에서는 사회적 갈등이 심해졌다.

거나 더욱더 억압하거나. 한국 정부는 후자를 선택했다. 가장 대표적인 예가 영화 〈화려한 휴가〉로도 널리 알려진 광주 민주 항쟁에 대한 무력 진압이다.

1980년에 출범한 전두환 정부는 민주화에 대한 요구가 커지자, 그해 5월 17일 전국에 비상계엄을 선포했고 시위가 계속되던 광주에 2만여 명의 군부대를 투입해 인간 사냥을 했다.

당시 고등학교 국사 교과서는 이 사태를 아예 다루지 않았는데 다만 "그 이후 한때 혼란 상태가 계속되고, 이러한 혼란 속에서 북한 공산군의 남침 위기에서 벗어나고 국내 질서를 회복하기 위하여 정부는 국가보위비상대책위원회를 구성한 뒤, 각 부문에 걸쳐 과감한 개혁을 추진했다"라고만 적었다. 국내 언론 역시 어떠한 보도도 하지 않았으나 외국에서는 광주 항쟁과 군의 무력 진압을 비중 있게 다루었다.

공수 대원들은 서너 명이 1개 조가 되어 학생처럼 보이는 청년들을 무조건 쫓아가서 곤봉으로 머리를 때리고 공을 차듯이 가슴과 배를 내질렀다. 어떤 학생이 드디어 잡히자 자지러지게 무릎을 꿇으며 살려달라고 연신 빌었다. 대문에 나와 내려다보던 할아버지가 너무도 애처로워 몸으로 가리면서 봐달라고 사정하자 공수 대원은 "비켜 이 새끼!" 하면서 할아버지를 곤봉으로 내리쳤다. 할아버지는 피를 뒤집어쓰며 고꾸라졌고 쫓기던 학생은 돌을 집어 들었으나 공수 대원은 가차 없이 곤봉으로 후려친 뒤 대검으로 등을 쑤시고는 다리를 잡아 질질 끌고 길거리로 나갔다.*

로터리 부근 전투에서 머리가 으깨지고 팔이 부러져 온통 피범벅이 된 부상자를 급히 병원으로 이송 중이던 택시 기사에게 공수 대원이 부상자를 내려놓으라고 명령했다. 기사는 안타깝게 "당신이 보다시피 지금 곧 죽어가는 사람을 병원으로 운반해야 되지 않겠느냐"라고 호소하자 그 공수 대원은 자동차 유리창을 부수고 운전기사를 끌어내려 대검으로 무참하게 배를 찔러 살해했다. 이런 식으로 최소한 운전기사 3명이 살해당했는데 이는 다음날 20일, 기폭제의 하나였던 '차량 시위'의 직접적인 계기가 된다.**

뒤이어 정부는 《창작과 비평》, 《문학과 지성》, 《씨올의 소리》 등 수많은 잡지를 폐간시켰고 1985년까지 300권에 이르는 책을 금서로 지정해 판매를 중지했으며 언론 통제를 위해 '보도 지침'을 작성·배포했다. 또한 정부를 비판한 학생과 시민을 경찰이나 안기부(현재의 국정원)에 잡아들여 고문을 하고 심지어는 여학생에 대한 성고문도 자행되었다.

---

* 광주매일 정사 5·18 특별취재반, 《정사 5·18》 상(사회평론, 1995).
** 전남사회운동협의회 편·황석영 기록, 《죽음을 넘어 시대의 어둠을 넘어―광주 5월 민중항쟁의 기록》(풀빛, 1985).

특히 1986년 부천에서 일어난 '권양 성고문 사건'은 정권의 신뢰도를 다시 한번 땅에 떨어뜨렸다. 1986년 6월 4일 대학생 신분을 숨기고 공장에서 여공 생활을 했다는 이유로 경기도 부천 경찰서로 연행된 22세의 대학생 권인숙 씨를 경찰이 성추행한 사실이 밝혀졌다. 극도의 수치심과 절망감에 몸을 떨던 피해자 권인숙씨가 접견 온 변호사단(조영래·홍성우·이상수 등)에게 용기를 내어 사실을 알린 것이다. 곧바로 사건은 세상에 알려졌으나 뒤늦게 수사에 나선 검찰은 7월16일 수사 결과 발표에서 권인숙 씨가 성적 불량자, 가출자이며 급진 좌경 사상에 물들어 "혁명을 위해 성적 수치심까지 이용"하는 거짓말쟁이라고 했다. 그리고 가해자인 형사 문귀동의 혐의는 인정되지 않아 기소하지 않는다고 밝혔다. 당국의 보도 지침에 따라 각 신문은 1면에서 일제히 "성적 모욕은 없었고 폭언·폭행만 있었다"라고 보도했다.

1986년 11월21일 흰 한복 수의를 입은 피고인석의 권인숙 씨에게 어이없게도 징역 3년형이 구형되던 법정에서 변호사 조영래는 변호인단 199명을 대표해 며칠 밤을 새워 눈물로 쓴 변론 요지를 읽었다.

우리가 그 이름을 부르기를 삼가지 않으면 안 되게 된 이 사람, 온 국민이 그 이름은 모르는 채 성만으로 알고 있는 이름 없는 유명 인사, 이 처녀는 누구인가. 그녀는 무엇을 하였는가. 그 때문에 어떤 일

### 박종철 고문 치사 사건

1987년 1월 서울대 언어학과 학생회장이던 박종철 군이 경찰에 불법 연행되어 수사를 받던 중 고문으로 죽은 이 사건은 당국의 은폐 기도와 맞물려 1987년 6월 항쟁의 직접적인 도화선이 되었다. 당시 박 군의 사망 직후 경찰은 자기압박으로 인한 충격사라고 발표했으나, 고문 치사 가능성을 제기한 부검 의사의 문제제기로 물고문에 의한 질식사라는 사실이 밝혀졌다. 그러나 고문 가담자의 수를 비롯한 여러 의혹이 해명되지 않은 채로 사건이 마무리되자 천주교정의구현전국사제단 등이 끈질긴 추적에 나섰다. 결국 사건의 은폐와 조작 경위가 드러났고, 치안본부장 사임 및 관련 경찰 간부들의 구속으로 이어졌다.

을 당하였으며 지금까지 당하고 있는가. 국가가, 사회가, 우리들이 그녀에게 무엇을 하였으며 지금도 하고 있는가……. 

광주 항쟁에서 부천 성폭력 사건에 이르기는 우리의 현대사는 한편으로 억압의 역사였지만 다른 한편 숭고한 희생과 저항의 역사이기도 하다. 또한 부당한 억압에 대한 저항을 넘어서서 새로운 미래를 열어가려는 한국인의 집단적 힘, 그것이 점차 '민주화'라는 하나의 기치로 모아져간 기간이기도 하다.

### 민주화, 1987년

참는 것도 한계가 있다. 경제 성장을 위해 많은 것을 포기했던 국민은 더는 포기하기 어렵다는 것을 깨달았다. 집에 텔레비전이 생기고 냉장고가 들어온다 해도 머리 모양을 간섭하고 치마 길이까지 규제한다면 자연스럽게 반발과 저항감이 생겨나기 마련이다. 사람은 먹을 것만 충족되면 만족하는 존재가 아니다. 마찬가지로 경제 성장도 사회·문화와 동반하여 삶의 질이 향상될 때 그 의미가 있다. 해가 갈수록 자유와 민주주의에 대한 국민의 갈망은 커져만 갔다.

그 와중에 1987년 1월, 당시 스물한 살이던 서울대 재학생 박종철 군이 고문으로 사망한 사실이 알려지면서 학생과 시민들의 산발적인 시위가 전국적인 대규모 저항으로 발전했다. 부검 의사가 사실을 공개하자 치안 본부는 "책상을 탁 치니 박 군이 억 하고 갑자기 죽었다"며 고문 사실을 은폐했다. 당국의 이러한 태도는 성난 민심에 기름을 붓는 격이었다.

모든 민주화 운동 단체가 연합해 2월 7일 박종철 군을 추모하는 국민 추도회를 열었다. 당시 단체들은 공동으로 "2월 7일 오후 2시를 기해, 모든 국민은 검은색 또는 흰색 리본을 달고 각자 있는 곳에서 추도 묵념을 올리며, 모든 자동차는 추도 경적을 울리고, 교회나 사찰 등 종교 기관에서는 추도 타종을 울리며 추도회 참석자는 화환 대신 꽃 한 송이씩을 헌화한다"는 참가 요령을 작성해 배포했다. 그리고 바로 오후 2시에 전국적으로 타종 소리와 자동차 경적 소리가 물결쳤다.

뒤이은 3월 3일 고문 추방 민주화 국민 평화 대행진이 열렸으며 박종철 군의 사십구재가 범불교적으로 치러졌다. 이에 위기감을 느낀 전두환 정부는 4월 13일 범국민적 직선제 개헌 요구와 정반대되는 호헌 특별 담화를 발표했다.

그러나 이것은 이미 붙은 불에 기름을 끼얹는 격이었다. 범국민적 민주헌법쟁취국민운동본부(이하 국본)의 결성과 더불어 교수와 학생들의 시국 선언이 쏟아지고 6·10 민주 항쟁이 시작된 것이다. 더군다나 1987년 6월 9일 연세대에서 시위에 참가한 이한열 학생이 경찰이 쏜 최루탄에 맞아 피를 흘리며 쓰러지는 사건이 발생했다. 명동 성당에서 농성을 하던 시위대에서 "한열이를 살려내라"라는 구호가 터져 나왔고 대학마다 학생들은 출정식을 갖고 "호헌 철폐", "독재 타도", "직선제 개헌 쟁취하여 군부 독재 타도하자!" 등의 구호를 외치며 도심으로 모여들었다. 학생들뿐만 아니라 직장인들, 남대문 시장의 상인들, 공장의 근로자들 등 다양한 계층의 사람들이 함께했다.

 1987년 6월 10일, 시위 지도부였던 국본 방침에 따라 오후 6시에 애국가가 울려 퍼지고 명동 성당의 종이 42번 타종되자 성당 주변이나 도심에 있던 차량들이 경적을 울리며 시위에 동참했다. 이날 벌어진 시위에는 전국 514곳에서 50여만 명이 참여했는데 경찰은 이날의 국민 대회를 불법 집회로 규정하고 원천 봉쇄에 나섰지만 국민의 성난 분노를 막을 수는 없었다. 국민 대회는 진압에 나선 경찰들이 무차별로 최루탄을 쏘아대는 바람에 흡사 시가전을 방불케 할 만큼 격렬했다. 경찰은 백골단이라고 불리던 사복 체포조를 동원해 시위자 검거에 나섰고, 이날 하루 동안 전국에서 연행된 인원만 3,831명에 이르렀다.

 장기 농성이 벌어진 명동 성당에는 시민들이 보낸 성금과 식음료, 도시락, 의류, 생필품이 밀려들었다. 성금 봉투에는 외환은행 근무자들이 보낸 이런 편지도 들어 있었다.

 우리는 애국 학생과 시민들의 민주화 투쟁을 적극 지지합니다. 여 미국은 한국 중산층의 변화에 주목했다. 지금까지 학생이나 근로자들의 시위에 비판적이던 중산층이 시위대에게 물수건과 음식을 건네고 박수를 치거나 시위대가 도망갈 수 있도록 길을 터주는 등 적극 나서서 지원하는 것을 확인했기 때문이다.

---

> 러분의 굽힘 없는 투쟁으로 우리 시민들 가슴속에도 민주화의 소망이 커지고 있으며 함께 동참할 방법을 찾기 위한 토론이 확산되고 있습니다. 비록 작은 정성이고 소극적인 방법이나마 85명이 모금한 돈입니다. 민주화와 민족 자주의 밑거름으로 써주십시오.

1987년 6월 항쟁은 미국 언론에서도 연일 보도할 만큼 주요한 사건이었다. 특히 미국은 전례 없는 엄청난 시위 규모와 대담성 및 지속성에 놀랐다. 또한 한국 중산층의 변화에 주목했다. 지금까지 학생이나 근로자들의 시위에 비판적이던 중산층이 시위대에게 물수건과 음식을 건네고 박수를 치거나 시위대가 도망갈 수 있도록 길을 터주는 등 적극 나서서 지원하는 것을 확인했기 때문이다. 독재 국가에서 중산층의 향배는 매우 중요하다. 만약 중산층이 정부에 등을 돌린 것이 확실한 경우 독재 정권의 정당성이 무너지고 존립 자체가 어려워진다. 또한 미국은 독재 정권이든 민주 정권이든 미국과 원만한 관계를 유지하는 정부의 존재를 중시하기 때문에 자칫 저항이 거세어져 반미 정부가 만들어지거나 지나치게 자주적인 정부가 구성되기 전에 사태가 해결되기를 원했다.

6월 13일 제임스 릴리James Lilley 주한 미국 대사가 외무장관을 방문하여 경찰의 폭력 사용을 억제하고 경찰이 명동 성당에 진입하지 말 것을 강력하게 호소한 것도 한국 정부와 국민에 대한

### 1987년 노동자 대투쟁

1987년 6월 항쟁의 뒤를 이어 7월 5일 울산 현대엔진 노동조합의 결성을 신호탄으로 9월까지 이어진 노동자들의 투쟁을 말한다. 회사 측의 노조 탄압에 맞선 현대 노동자들의 강력한 대응은 전국의 노동자들을 고무시키며 그 열기가 광범위하게 확산되었다. 1986년 한 해 동안 276건에 불과하던 노동 쟁의가 7~9월 세 달 동안 3,255건으로 늘었으며, 당시 노동자들은 "노동자도 인간이다"라는 구호 아래 사업장의 민주주의와 노동 인권 확립을 요구했다. 경제 성장의 도구로만 여겨졌던 노동자가 살아 숨쉬는 시민으로서의 권리를 주장한 것이다.

---

미국의 태도 변화를 말해준다. 광주 항쟁 이후 실질적인 권력을 장악한 전두환이 1980년 8월 7일 스스로 육군대장으로 진급했을 때 당시 주한 미국 사령관 존 위컴John Wickam은 전두환이 곧 한국의 대통령이 될지도 모른다면서 "여러 계층의 사람들이 마치 들쥐 떼처럼 줄을 서고 그를 추종하고 있다"고 말한 바 있다. 미국은 전두환의 대통령 취임을 지지한다며 "정치 자유화보다는 국가 안보와 내부 안정이 우선이다. 한국인이 민주주의를 실시할 준비가 되어 있는지 잘 모르겠다"고도 했다. 그런데 7년 만에 한국인이 민주주의를 실시할 준비가 되어 있고 그것을 원한다는 사실을 미국은 인식하게 된 것이다.

결국 전두환 대통령은 대통령 직선제를 수용하는 6·29 선언을 발표했지만 민주화에 대한 국민의 열망은 식을 줄 몰랐다. 곧이어 7월에는 울산에서부터 노동자 대투쟁이 시작되었다. 이것은 민주화 운동이 새로운 단계로 나아가기 시작했음을 의미한다. 학생과 중산층뿐만 아니라 노동자들이 집단적으로 움직인 것이기 때문이다. 7~9월 세 달 동안 3,000건이 넘는 파업 투쟁이 발생했으며 이를 계기로 1987년 6월에 2,742개였던 노조는 1987년 12월에 4,103개 그리고 1988년에는 6,164개로 늘어났다.

당시 노동자들이 얼마나 열악한 조건에서 일을 했는지는 1987년 7월 7일 결성된 현대중공업 노동조합 개편 대책위원회 경과 보고서에서 여실히 드러난다. 이 보고서에 나타난 노동자들의

**〈표 6〉 한국 노동 조합 수와 조합원 수의 변화 추이**

|  | 1963 | 1970 | 1980 | 1987. 6. 30 | 1987. 12. 31 | 1988 |
|---|---|---|---|---|---|---|
| 조합 수(개) | 2,150 | 3,500 | 2,635 | 2,742 | 4,103 | 6,164 |
| 조합원 수(명) | 224,420 | 473,259 | 948,134 | 1,050,201 | 1,276,457 | 1,707,456 |

출처 : 한국노동연구원, 2000년 노동 통계

요구 사항은 다음과 같다.

- 두발 자율화
- 출근 시간 아침 8시로 실시(춘하추동)
- 식사 처우 개선
- 작업 전 체조 작업 시간 인정 및 중식 시간 체조를 1시에 실시
- 산업 안정 재해자 평생 생활 대책 보장
- 훈련소 출신과 공채 입사자의 임금 격차 해소
- 출퇴근복 자율화

하지만 노동자들의 투쟁에 대해 언론은 6월 민주화 투쟁과 달리 부정적인 반응을 보였다. 예를 들어 "우리 경제 뿌리째 흔들린다"는 제목 아래 노동자들의 저항을 불법 집단 사태, 악성 분규 등으로 표현했다. 야당과 중산층도 노동자에게서 거리를 두었다. 이를 두고 6·29 선언이 발표된 시점은 한국 경제가 이른

바 3저 호황으로 유례없는 호황을 누리던 시기였으며 중산층은 노동자들의 투쟁으로 이 같은 호황이 깨질까봐 두려워했다는 평가를 하기도 한다. 다른 한편 민주화 진전의 중요한 조건이 노동자가 집단적으로 움직이고 중산층과 연합하는 것이라는 점에서 중산층의 노동자에 대한 거리 두기는 한국의 민주화가 충분히 진전하지 못한 채 멈춘 징표라고도 한다.

더군다나 대통령 선거를 보름여 앞둔 11월 29일에 칼KAL기 공중 폭발 사건이 발생했다. 이 사건이 북한 김정일의 친필 공작령에 따라 김현희 등이 수행한 것이라고 발표되자 민주화의 열정은 얼어붙는 듯했다. 중산층의 거리 두기는 더욱 심해졌다. 게다가 범인으로 지목된 김현희가 서울로 이송된 날은 선거 하루 전인 12월 15일로, 여당의 노태우 후보에게 유리한 상황으로 작용했다.

결국 1987년 12월 대통령 선거 결과 당시 민주화 운동을 이끌었던 김영삼과 김대중 양 김씨가 아닌 군인 출신이자 전두환의 후계자로 불렸던 노태우가 당선되었다. 이를 두고 혹자는 6월 항쟁은 미완의 혁명이며 단지 절차적 수준에서 민주주의가 시작된 것에 불과하다고 한다. 하지만 1987년을 계기로 한국 사회는 중요한 전환점을 맞이했다. 최소한 1997년까지 소득 분배 구조가 개선되고 시민 단체가 성장하는 한편 민주노총 및 전교조 등이 시민권을 얻어 억눌렸던 시민 사회가 기지개를 폈다. 자유로운 정신과 삶에 대한 열정이 한국 사회에 넘쳐났고 '붉은 악마'와

'촛불 집회'가 2000년대의 상징으로 떠오르며 한국의 힘을 이어 갔다. 한국 사회의 우울한 자화상에도 불구하고 한국인의 힘은 면면히 흐르고 있는 것이다.

### 세계적 힘

민주화를 이루어낸 경험이 나라 안의 힘이라면, 최근 전 세계에 불고 있는 변화의 움직임은 또 다른 희망이다.

2008년 1월, 세계경제 포럼World Economic Forum(WEF)의 연차 회의인 다보스 포럼에서 세계화에 대한 우려가 심각하게 제기되었다. 세계경제 포럼은 1971년 스위스 제네바 대학 교수이던 클라우스 슈바프Klaus Schwab가 창설한 비영리 재단에서 시작되었다. 창설 당시만 해도 세계경제 포럼은 400여 명에 이르는 유럽의 경영인들이 한자리에 모여 기업 경영과 관련된 관심사를 논하는 친목 모임에 불과했다. 하지만 영향력이 커지고 관심이 집중되면서 최근에는 해마다 2,000명 안팎의 주요 인사들과 수행원, 취재 기자 등을 포함해 3,000여 명이 참가하고 있다. 2008년 1월에 스위스 다보스에서 열린 포럼은 로버트 졸릭Robert Zoellick 세계은행 총재를 비롯하여 27개국 정상과 113명의 각료 등 88개국 정재계, 문화계 인사 등 2,500여 명이 참가한 사상 최대 규모였다.

2008년 다보스 포럼에서 빌 게이츠Bill Gates 마이크로소프트 사

로버트 졸릭 세계은행 총재

"자본주의는 이제 시장의 힘을 가난한 나라들의 욕구가 충족되도록 써야 한다. 부자는 물론 빈자貧者도 배려하는 창조적 자본주의Creative Capitalism가 되어야 한다."

―빌 게이츠

회장은 "자본주의는 이제 시장의 힘을 가난한 나라들의 욕구가 충족되도록 써야 한다"면서 "부자는 물론 빈자貧者도 배려하는 창조적 자본주의Creative Capitalism가 되어야 한다"는 취지의 '가난한 사람들을 위한 자본주의'를 주창했다.

이는 지금까지 자본주의의 세계화가 부자를 더 부자로 만들었을 뿐이며 그 결과 전 세계적으로 기아와 가난, 각종 사회적 위험이 커졌다는 사실에 대한 반성이기도 하다. 물론 피라미드 구조의 세계 경제에서 바닥에 있는 20억 인류를 돕기에는 재원이 턱없이 부족하다며 창조적 자본주의가 실현 가능하지 않다는 지적도 있다.

또한 다보스 포럼에 대한 부정적 평가도 만만치 않다. "세계화 전도사들의 집결처", "부자들의 고급 국제 사교장"이라는 비판이 대표적이다. 반대론자들은 다보스 포럼이 지난 수십여 년 동안 세계화의 미덕을 찬양하고 무한한 기회를 향한 비전과 의욕을 다지며 세계를 전쟁터로 몰아갔다면서 선·후진국 간 격차 확대, 양극화 초래의 주범이라고 말한다. '호화로운' 참석 비용도 때때로 비판의 대상이 되는데 항공료와 숙박비를 빼고 회비로 내는 돈만 4만 스위스 프랑(약 3,470만 원)이라고 한다.

한편 세계사회 포럼World Social Forum(WSF)은 다보스 포럼보다 세계화에 더욱 비판적이다. 세계사회 포럼은 다보스에서 열리는 세계경제 포럼에 맞서 반세계화를 기치로 내걸고 출범한 전 세

> **토빈세**
>
> 단기성 외환 거래에 부과하는 세금으로, 주창자인 제임스 토빈의 이름에서 따왔다. 국경을 넘어 자유롭게 이동하며 각국의 금융 시장을 교란하는 국제 투기 자본을 규제하기 위한 방안의 하나로, 외환 거래 때마다 낮은 세율의 세금을 부과함으로써 단기적인 투기 자본에 불이익을 준다. 그러나 모든 국가가 동시에 실시하지 않을 경우 투기 자본이 세금이 없는 국가로 이동하기 때문에 효과를 거두기 어렵다는 문제가 있다.

계 사회 운동가들의 모임이다. 2001년 1월에 열린 다보스 포럼과 때를 맞추어 브라질의 포르투알레그레에서 제1회 포럼을 개최했다.

세계사회 포럼은 다보스 포럼이 세계화를 지향하는 선진국 중심의 국제회의로서 개발도상국과 제3세계 국가들을 철저히 외면하고 있다고 주장한다. 이 포럼은 제1회 포럼 이후 해마다 다보스 포럼과 같은 시기에 열리는데, 1회 때는 전 세계 100여 개국에서 세계화에 반대하는 정치인·시민 운동가·노동 운동가·학자 등 1만 5,000여 명이 참가했고, 2002년 제2회 때는 110개국에서 5만여 명이 참가했다. 포럼의 주요 내용은 부의 집중, 빈곤의 세계화, 지구의 파괴를 앞당기는 투기 자본의 횡포와 관련된 정책을 금지해야 한다는 것이다. 이를 위해 개발도상국의 부채 탕감, 아동 학대 금지, 여성 운동 활성화, 인종주의 청산, 유전자 변형 식품 금지, 민주주의의 개혁, 농산물 수출 보조금제 폐지, 국제 투기 자본 규제를 위한 토빈세 제정 등 분야별 주제를 정해 다양한 워크숍·토론회·세미나 등을 개최한다.

또한 세계사회 포럼은 2003년 '2·15 국제반전공동행동'과 칸쿤 WTO 5차 각료 회의 반대 투쟁 등 대규모 국제 시위를 조직하고 이끄는 데 기여하며 '국경을 넘어선' 세계 운동의 주요한 조직으로 성장했다. 하지만 2004년 제4회 포럼을 계기로 다양한 문제가 제기되고 있다. 그 핵심은 다보스 포럼이 지향하는 세

### 일본 버블 경제 위기

1980년대에 대미 수출 증가로 호황을 누리던 일본 경제가 1990년대 초에 주식과 부동산의 거품이 꺼지면서 맞이한 경제 위기를 말한다. 기업들이 설비나 건설 투자 대신 부동산 구입과 주식 등에 돈을 운영하며 재테크에 열중하다가 주식 가격이 폭락하고 땅값이 급격하게 하락하자 심각한 위기를 겪게 된 것이다. 일본 기업과 은행에 대량의 부실 채권이 발생하고 10년 이상 불황이 지속되었다는 점에서 '장기 불황' 이라고도 불린다. 최근 한국이 일본식 장기 불황에 빠지는 것이 아니냐는 우려가 증폭되면서 버블 경제 위기가 다시 주목받고 있다.

2005년 홍콩에서 열린 WTO 6차 각료 회의에 반대하는 시위대의 모습

계화에 대응할 만한 새로운 지향을 만들어내지 못한다는 점이다. 예를 들어 세계화가 아니라면 무엇을 지향할 것인지, 혹은 세계화에 동의하지만 그 그림자를 제거하기 위해 무엇을 해야 한다는 것인지 분명한 대안을 제시하지 못하고 그림자에 대한 비판에 머물러 있다는 것이다.

한편 미국 최초의 흑인 대통령 오바마Barack Hussein Obama의 당선은 미국 중심의 세계화에 대한 미국 내부의 비판이기도 하다. 이 같은 문제 제기는 다른 나라에서도 나타난다. 예를 들어 버블 경제 위기 이후 10년간 급속하게 노동 시장 유연화를 추진했던 일본이 새로운 경제 위기에 직면하자 시장과 경쟁의 깃발을 포기하려고 한다. 노동 시장과 관련된 규제를 거의 풀어버린 결과, 일본은 2008년 기준 비정규직 비중이 34.5퍼센트로 한국보다 높아졌다. 그 결과 '일본이 무너졌다'는 위기감이 커지면서 규제 강화로 전환하기 시작했다.

2007년 11월에 집권한 오스트레일리아 노동당 정부의 노동 정책 방향 역시 시장과 경쟁으로부터 방향을 전환하고 있음을 보여준다. 노동당 정부는 과거 보수 연합 정권의 급진적인 노동 유연화 법안을 수년에 걸쳐 점진적으로 폐지하고 규제를 강화하는 조치를 단계적으로 실시하고 있다. 집권 이후 꾸준히 70퍼센트의 지지율을 확보하고 있기 때문에 전 세계 경제 위기에도 불구하고 이 같은 방향이 관철될 것으로 보인다.

영국의 상황도 비슷하다. 영국 정부의 최근 노동 정책은 유연성 강화보다 규제 강화로 나아가고 있다. 예를 들어 2008년 노사정이 파견 근로자 동등 대우법을 합의함으로써 최소 140만 명에서 최대 200만 명에 이르는 영국의 파견 근로자들은 고용된 지 12주가 되면 동일 업무를 하는 직접 고용 노동자들과 급여, 휴가, 병가 등에서 동등한 대우를 받게 되었다. 또한 법정 유급 휴가 일수도 연 24일에서 28일로 늘어났다.

물론 최근의 경제 위기와 늘어나는 실업 등의 사회 문제는 이 같은 전환 움직임을 어렵게 하는 요인이다. 더군다나 나라마다 사정이 달라서 낙관하기도 힘들다. 하지만 민주화를 통해 들여다본 국내의 힘, 그리고 세계화 비판과 규제 강화라는 세계적 힘은 여전히 희망으로 남는다.

## 민주화

1980~1990년대에 민주화는 전 세계의 학문적 관심사였다. 아시아와 라틴 아메리카 등 제3세계에서 발생한 '민주화 도미노 현상'이 주요한 원인이었는데, '권위주의 정권에서 민주주의 정권으로의 이행에 있어 왜 어떤 나라들은 완성된 민주주의로의 이행과 민주적 공고화를 이루어내고 다른 나라들은 실패하는가'가 최대 쟁점이었다. 한국 역시 사례 분석의 대상이었던 것은 말할 것도 없다.

이와 같은 질문에 대답하기 위해 전 세계 학자들은 민주화에서 중간 계급과 노동 계급의 역할 혹은 리더십, 중간 계급과 노동 계급의 상호 관계가 민주화에 끼친 영향, 국가(정부)가 민주화에 끼친 영향, 국가와 시민 사회 혹은 사회 운동 단체의 관계, 경제적 발전 정도가 민주화에 끼친 영향 등 다양한 문제를 연구했다. 하지만 민주화 문제는 1990년대 중반 이래 관심사에서 밀려나고 말았다. 민주화와 더불어 세계화의 물결에 휩싸이고 1997년 경제 위기에 직면한 한국에서도 더 이상 민주화, 민주주의가 화두로 등장하지 않았다.

그런데 2008년의 촛불 시위 등을 계기로 최근 민주화가 다시 관심의 대상이 되고 있다. 최근의 민주화 논의가 예전과 다른 것은 의료 공공성 보장이나 민영화의 사회적 효과, 사회 보장 등 사회 민주주의의 문제까지 거론하고 있다는 점이다. 더불어 의회 등 대의 민주주의의 무력화와 촛불로 나타나는 민의의 대변 기제 등이 논쟁이 된 바 있다.

하지만 민주주의가 한국 사회의 새로운 쟁점으로 부상할지, 대한민국 헌법 제1조가 노래로 만들어져 널리 불린 것처럼 다시 한번 새로운 열망으로 부각될지는 알 수 없다. 다만 민주화, 민주주의 역시 끝나버린 과거가 아니라 현재 진행 중인 현실이자 미래라는 사실에 대한 문제 제기가 이루어진 것은 분명하다.

# 글을 맺으며

 2008년 5월에 시작된 한국의 촛불 시위는 전 세계의 관심을 모았다. 그런데 우리 사회에서 이때만 촛불이 타올랐던 것은 아니다. 이정은은 2003년에 발표한 글 〈한국 현상 촛불 시위에 관한 철학적 고찰〉에서 촛불 시위는 붉은 악마, 노사모 활동과 더불어 2002년에 일어난 고유하고 특이한 '한국 현상'이며, 미군 장갑차에 희생당한 여중생 효순이, 미선이에 대한 애도에서도 촛불 행렬이 이어졌다는 사실에 주목한 바 있다.
 또한 촛불의 성격에 대한 논란이 여전히 계속되고 있다. 촛불 집회가 제도 정치의 지체에 따른 과도기 혹은 보완의 속성을 띠는 것이냐를 두고 의견이 분분하다. 촛불 시위를 직접 민주주의, 대중 민주주의, '신사회 운동의 신사회 운동' 등으로 칭송(?)하는 경우 제도 정치를 부정적으로 바라보게 된다. 하지만 대의 민주주의는 어쩔 수 없는 선택이라는 의견이 강할수록 촛불 시위를 보완적인 것으로 간주하고 정당 정치의 취약함을 걱정한다.

더불어 촛불 집회와 기존 시민 운동의 관계, 촛불 시위의 주체가 되는 네티즌의 함의, 촛불 시위의 의제, 촛불 시위의 계급성 등을 둘러싼 논란은 또 다른 촛불 현상을 낳았다고 해도 과언이 아니다. 촛불은 끊임없이 재구성되는 문화 현상이자 역사와 사회 현상이기도 하다.

경제와 사회가 어려울수록 촛불에 대한 기대도 크다. 촛불이 사회적 양극화를 완화하고 공공의 가치와 정의가 살아나는 방향으로 진화하기를 바라는 마음이 함께 커진다.

그러나 촛불의 진화는 아직 알 수 없다. 캄캄한 어둠 속에서 촛불을 밝혀본 사람은 알 것이다. 한 자루의 촛불이 얼마나 밝게 빛나는지를. 불이 켜지는 순간 갑자기 주변이 환해지면서 눈을 비비게 된다. 보이지 않던 벽, 바닥, 촛불을 올려둔 탁자 등이 모습을 드러낸다. 어둠이 깊을수록 촛불은 더욱 빛난다. 촛불 하나가 진실을, 양심을, 정의를 밝힐 만큼 빛나기도 한다. 하지만 그 촛불이 방 전체를 밝힐 수는 없다. 촛불은 다만 우리의 눈앞을 밝힐 뿐이며 촛불이 밝히지 못하는 영역이 있게 마련이다.

1년 넘게 장기 농성을 벌인 이랜드 노조 부위원장의 글은 아직도 우리 마음을 울린다.

촛불은 끝내 홈에버 매장으로 오지 않았다……10년 후 광우병을 일으킬 수 있는 쇠고기 수입 반대에는 그렇게 열정적인 시민들이 당

해고된 이랜드 비정규직 노동자들의 시위 모습

"촛불은 끝내 홈에버 매장으로 오지 않았다……10년 후 광우병을 일으킬 수 있는 쇠고기 수입 반대에는 그렇게 열정적인 시민들이 당장 생존권을 박탈당하는 비정규직 문제에 대해선 의외로 차가웠다. 촛불은 아름다웠지만 계급 문제에 대해선 무력했고 둔감했다."

1997년 경제 위기를 극복하는 과정은 시장 개방이 확대되는 과정이자 사회적 위험이 확산되는 과정이었으며 그 때문에 한국 사회는 스스로 운명을 결정할 수 있는 권한을 잠식당했다. 그렇다 해도 촛불을 함께 들고 사회적 문제를 고민했던 우리 내부의 힘은 소중한 자산이다.

장 생존권을 박탈당하는 비정규직 문제에 대해선 의외로 차가웠다. 촛불은 아름다웠지만 계급 문제에 대해선 무력했고 둔감했다.

이랜드 노동자들은 "일터의 광우병, 비정규직 철폐하자"라고 쓴 전단지를 돌리며 연대를 호소했지만, 촛불과 비정규직, 촛불과 불평등은 여전히 거리가 멀었다. 이것은 촛불이 밝히지 못한 한국 사회의 이면이자 촛불의 그림자다. 하지만 사회적 양극화 등 취약 계층의 문제를 밝히지 못한다고 해서, 평등과 연대와 우애로까지 확산되지 않았다고 해서 촛불의 진화 가능성을 부정해서는 안 된다.

앞에서 살펴보았듯이, 1997년 경제 위기를 극복하는 과정은 시장 개방이 확대되는 과정이자 사회적 위험이 확산되는 과정이었다. 그 때문에 한국 사회는 스스로 운명을 결정할 수 있는 권한을 잠식당했다. 촛불을 함께 들고 사회적 문제를 고민했던 우리 내부의 힘은 소중한 자산이지만, 나는 여전히 '그 많던 이카로스는 다 어디로 갔을까'를 묻는다. 아마 많은 사람들이 저마다 가슴속에 같은 질문을 품고 있을 것이다. 이 질문이 바로 이카로스의 열정이다. 한 사회의 변화, 나아가 세계의 변화는 사람들이 현재의 질서에 의문을 품는 데서 시작하기 때문이다.

그러므로 우선 질문을 던져야 한다. 올바르다고 믿었던 모든 것에 토를 달고 말꼬리를 붙잡고 늘어져야 한다. '여성의 화가

### 고바야시 다키지

일본의 대표적인 계급주의 작가로 노동 계급의 고통과 빈곤의 참상을 고발하고 그 사회적 원인을 파헤치는 작품을 주로 썼다. 계급 투쟁 운동에 가담하다 체포되어 고문을 받은 끝에 사망했다. 《게 가공선》 외에 노동자의 혁명 정신을 부각한 《1928년 3월 15일》, 농민 해방을 다룬 《부재지주》 등의 작품을 남겼다.

---

라고 불리는 클림트Gustav Klimt의 작품 〈사랑〉을 보면 연인으로 보이는 두 사람이 마주 보며 포옹하고 있다. 그런데 두 연인의 머리 위에 다른 이들의 얼굴이 같이 그려져 있는데, 그중에는 늙은 여인의 시체 같은 얼굴도 있다. 애절하게 서로를 바라보는 연인들 위에 떠 있는 죽음의 이미지는 사랑을 불안하게 한다. 질문을 던지는 것은 이와 같은 과정일 것이다. 당연하다고 믿어온 것을 회의하는 것, 확실하다고 믿어온 모든 것이 사실은 불확실하다는 사실을 감당하기란 쉽지 않다.

구스타브 클림트, 〈사랑〉(1895)

그러나 바로 그 의심과 질문이 역사를 밀어온 힘이며 사랑을 만들어내는 열정이다.

다음으로 알아야 한다. 경험을 통해 시야를 넓혀야 한다. 2008년 12월에 나는 한 달 정도 일본에 머문 적이 있다. 최근 비정규직 문제로 몸살을 앓고 있는 일본의 현황을 살펴보고 일본이 모색하고 있는 대안을 알아보기 위해서였다. 그런데 일본인들의 독서 경향이 인상적이었다. 젊은이들 사이에서 마르크스의 《자본론》이 다시 읽히고, 게를 잡아 통조림으로 가공하는 배 안의 노동자 착취를 고발한 고바야시 다키지의 1929년 작품 《게 가공선》이 베스트셀러라는 이야기에 놀라지 않을 수 없었다.

1980년대 중반 이후 버블 경제 시기에 '1억 중류(중산층)'가 거론되면서 일본의 청년층은 급격하게 보수화되었다. 그들은 경쟁과 '내 탓이오'에 길들여졌다는 평가를 받았다. 그런데 최근 일본에서 비록 소규모지만 청년 운동이 시작되어 주목을 받고 있다. 니콘 사내 하청 노동자의 과로사를 보도해 해당 하청 업체의 폐업을 끌어낸 기자는 31살의 젊은이였다. 다른 성격의 사건이긴 하지만, 2008년 6월 도요타에서 일용 파견직으로 근무하다 문자로 받은 해고 통지서에 격분해서 다음날 동경 아키히바라에서 무고한 시민 일곱 명을 살상한 사람도 20대 청년이다. 그 방향을 규정하기는 아직 이르지만, 일본 청년층이 바뀌고 있는 것이다. 그 결과 일본은 규제 완화·노동 시장 유연화에서 규제 강화·사회 안정망 확충으로 정책 변화를 시도하고 있다. 그것이 일본 사회에 어떤 영향을 끼칠지는 알 수 없으나 아는 만큼 바뀔 것이라는 사실은 분명해 보인다.

　최근 한국의 서점가에도 변화의 바람이 일고 있다. 한동안 위세를 떨치던 자기계발서 등이 주춤한 대신 다양한 사회적 문제를 제기하는 책들이 관심을 받고 있으며, 신자유주의와는 다른 시각에서 경제 현상을 분석하고 성찰하는 책들이 호응을 얻고 있다. 더불어 인터넷 망을 통해 다양한 의사소통이 이루어지고 있다. 덕분에 우리의 시야는 점점 더 넓어진다. 꽁꽁 언 강 밑을 흐르는 물은 볼 수가 없다. 하지만 봄은 어김없이 오고 강의 얼

> 사회학자인 내가 굳이 경제 위기를 주제로 글을 쓴 것도 경제 성장률을 비롯한 수치와 지표를 제시하고 경제 위기가 언제쯤 극복될 것인지를 이야기하기 위해서가 아니다. 경제 위기를 매개로 '사회의 위기', '사람의 위기'를 말하기 위해서이다.

---

음은 녹는다. 안다는 것은 언 강물 밑을 흐르는 물길이자 봄을 부르는 소리이다.

또한 과감한 '상상력'이 필요하다. 우리는 이미 '붉은 악마'의 상상력과 촛불의 상상력을 경험했다. 이 책 역시 시간 여행을 통한 상상력의 공유, 과거와 현재의 대화를 통한 상상력의 확장을 강조하고 있다. 오늘날 돈은 사람을 집어삼키고 괴물을 낳는다. 상상력도 영혼도 없는 걸어 다니는 시체를 낳는다. 이 괴력의 바이러스를 퇴치할 수 있는 백신은 인간의 존엄성을 구현하고 인간으로서 말을 하려는 상상력이다. 말을 통해, 소통을 통해 상상력의 백신을 전파해야 한다. 고독한 현대인이 아니라 소통의 그물망으로 둘러싸인 신인류를 창조해야 할 때가 온 것이다.

사회학자인 내가 굳이 경제 위기를 주제로 글을 쓴 것도 경제 성장률을 비롯한 수치와 지표를 제시하고 경제 위기가 언제쯤 극복될 것인지를 이야기하기 위해서가 아니다. 경제 위기를 매개로 '사회의 위기', '사람의 위기'를 말하기 위해서이다. 그리고 사람의 위기는 사람을 통해, 사람의 말과 힘을 통해 넘어설 수 있다는 것을 이야기하기 위해서이다.

마지막으로, 한국 사회는 젊은이로 하여금 꿈꾸게 해야 한다. 이카로스의 꿈, 이카로스의 열정을 20대가 아니라면 어디서 발견할 수 있을까. 20대가 왜 촛불 집회에 나오지 않는지를 묻기 전에 20대로 하여금 촛불을 들지 못하게 한 사회와 기성세대가

반성을 해야 한다. 경쟁과 효율성의 신화에 사로잡힌 청춘을 만든 것은 전적으로 나를 비롯한 기성세대의 책임이다. 20대가 꿈꾸게 하려면 선배 세대 역시 꿈을 꿔야 한다. 20대로 하여금 인간으로서의 꿈을 꾸게 하겠다는 꿈, 그것이 우리 세대의 몫이다. 그것을 통해 돈에서 인간으로 되돌아가는 '세기적 전환'이 이루어질 것이며, 인간이 상품이 아니라는 사실을 확인할 수 있을 것이다.

● 도움 받은 자료들

광주매일 정사 5·18 특별취재반, 《정사 5·18》 상(사회평론, 1995)
국가인권위원회, 《사회권 지표개발을 위한 기초연구》(2008)
리처드 피트, 《불경한 삼위일체-IMF, 세계은행, WTO는 세계를 어떻게 망쳐왔나》, 박형준·황성원 옮김(삼인, 2007)
박현희·임영태·정진화, 《거꾸로 읽는 한국사》(푸른나무, 2002)
이정은, 〈한국 현상 촛불시위에 관한 철학적 고찰〉, 《시대와 철학》 14권 2호(한국철학사상연구회, 2003)
장재철·홍순영 외, 《한국경제 20년의 재조명》(삼성경제연구소, 2006)
전남사회운동협의회 편·황석영 기록, 《죽음을 넘어 시대의 어둠을 넘어—광주 5월 민중항쟁의 기록》(풀빛, 1985)
케빈 다나허, 《IMF와 세계은행을 없애야 할 10가지 이유》, 박수철 옮김(모색, 2003)
킴 무디, 《신자유주의와 세계의 노동자》, 사회진보를 위한 민주연대 옮김(문화과학사, 1999)
통계청, 경제활동인구 부가 조사, 각 연도
통계청, 《사업체 기초통계 조사 보고서》, 각 연도
폴 크루그먼, 《경제학의 향연》, 김이수·오승훈 옮김(부키, 1997)
폴 크루그먼, 《대폭로》, 송철복 옮김(세종연구원, 2003)
OECD, *OECD Employment Outlook*, 각 연도

## ● 개념의 연표-IMF 위기

- **1914** | **제1차 세계대전 발발**
  영국 중심의 세계 체제인 팍스 브리태니카의 해체 신호

- **1917** | **러시아 혁명**
  전 세계가 자본주의와 사회주의로 나뉘는 계기

- **1919** | **국제노동기구(ILO) 설립**
  국제적으로 노동권을 확립하고 개선하기 위한 기구로, 제2차 세계대전 이후 필라델피아 선언을 통해 시장의 횡포로부터 인간적 가치를 보호하는 상징으로 떠오름

- **1929** | **경제 대공황**
  10월 미국 주식 시장 붕괴를 계기로 전 세계로 확산된 경제 공황

- **1931** | **영국, 금본위제 폐기**
  팍스 브리태니카에서 팍스 아메리카나로 전환한 결정적 계기. 달러 중심 체제에 대한 전 세계적 합의가 시작되다

- **1933** | **미국, 뉴딜 정책**
  미국 32대 대통령 F. D. 루스벨트가 대공황 극복을 위해 추진한 제반 정책으로 기존의 자유주의적 시장 경제 논리를 바꾸었음

- **1936** | **케인스 《고용·이자 및 화폐의 일반이론》 출간**
  뉴딜 정책과 더불어 1970년대 초반까지 세계 체제의 핵심을 이룬 기본 원리로, 완전 고용을 실현·유지하기 위해 시장이 아닌 정부의 개입과 역할을 강조. 1950~60년대 호황의 이념적 기초

- **1939** | **제2차 세계대전 발발**

- **1944** | **브레턴우즈 협정 체결**
  팍스 아메리카나의 출발이자 자유 무역, 호혜주의 등의 원칙과 달러를 기준으로 한 고정환율제에 기초한 새로운 세계 질서의 출발

- **1944** | **필라델피아 선언**
  국제노동기구(ILO)의 필라델피아 총회에서 이 기구의 목적을 규정한 선언으로 1970년대까지 세계 체제를 규율한 중요한 인권 선언

- **1944** | **하이에크, 《노예의 길》 출간**
  사회주의와 케인스주의 비판, 신자유주의의 기본 원리 제공

- 1945 | **얄타 회담**
  제2차 세계대전 종전과 더불어 전 세계가 자본주의와 사회주의로 나뉨

- 1945 | **국제연합(UN) 출범**
  국제인권협약에 기초해 전쟁 방지와 평화 유지를 위해 설립된 국제기구

- 1945 | **국제통화기금(IMF), 세계은행(IBRD) 설립**
  국제무역기구(ITO)와 함께 브레턴우즈 체제를 가능하게 한 기구들

- 1947 | **관세 및 무역에 관한 일반협정(GATT) 체결**
  ITO에서 규정한 관세 인하 구현을 위해 미국의 제안으로 23개국이 제네바에 모여 GATT를 체결하다. 1995년 WTO로 대체될 때까지 관세 인하, 수입 제한 완화, 차별 대우 폐지 등 ITO가 수행하기로 되어 있던 중책을 짊어지면서 일반협정이 아니라 기구로 성격이 바뀜

- 1948 | **국제무역기구(ITO) 설립**
  IMF, IBRD와 함께 팍스 아메리카나의 핵심 기구로서 '불경한 삼위일체'라고 불리지만 실질적인 활동 없이 GATT를 통해 목적을 구현함

- 1948 **한국, 분단**
  남북한 단독 선거, 대한민국 정부와 조선민주주의인민공화국 수립

- 1955 | **제1차 아시아 아프리카 회의**
  인도 네루 수상의 평화 5원칙에 입각한 비동맹 중립주의, 제3세계 평화 공존 노선을 기치로 인도네시아 반둥에서 열림

- 1957 | **프리드먼, 《소비의 경제이론—소비함수》 출간**
  신자유주의의 기본 원리를 제공한 경제학 저서

- 1961 | **제1차 비동맹국가 정상회의**
  제1차 아시아 아프리카 회의를 기반으로 유고 티토 대통령이 주창해 열린 회의로 비동맹 운동의 기초가 됨

- 1961 | **한국, 5·16 군사 쿠데타와 박정희 정권 수립**
  한국이 민주주의를 포기하고 정부 주도의 경제 개발과 분단 구조 확립을 통해 전 세계 질서에 편입하게 된 계기

- 1972 | **한국, 7·4 남북공동성명과 10월 유신**
  박정희 정권의 성장 정책이 위기에 직면하자 정치적 억압의 강도를 높이는 한편 남북 관계 전환 제스처로 위기를 모면하려 했던 시도

- 1973~1974, 1978~1980 | **석유 위기**
  두 차례에 걸친 국제 석유 가격 상승으로 유발된 세계적인 경제 위기로, 달러 중심 고정환율제 붕괴의 결정적 계기가 됨

- 1973 | **칠레, 피노체트 쿠데타와 아옌데 민주 정부 붕괴**
  미국의 쿠데타 지원과 신자유주의적 친미 국가 구성의 실험대

● —— IMF 위기

- 1974 | 한국, 전국민주청년학생동맹(민청학련)과 인민혁명당(인혁당) 사건
  1년 후 인혁당 사건 관련자 8명에 대한 사형 집행

- 1974 | 신자유주의의 대표자인 하이에크 노벨 경제학상 수상

- 1976 | 영국과 IMF 간의 차관 협정 통해 영국이 구제 금융 수용
  선진국에 대한 마지막 차관 협정이자 IMF가 제3세계를 대상으로 하는 대출 기구로 바뀐 계기

- 1976 | 신자유주의의 대표자인 프리드먼 노벨 경제학상 수상

- 1979 | 영국, 보수당 집권
  대처 수상이 이끄는 보수당의 선거 승리로 신자유주의 본격화

- 1979 | 한국, 박정희 대통령 암살과 전두환 신군부 쿠데타

- 1980 | 한국, 민주화의 봄과 광주 민주 항쟁

- 1980 | 미국, 레이건 대통령 당선
  공화당 정부 집권, 신자유주의적 레이거노믹스 시작

- 1981 | 모로코, IMF 구제 금융
  구제 금융 받은 후 파업과 폭동 발발

- 1982 | 멕시코와 브라질, IMF 감독 체제

- 1984 | 도미니크 공화국, IMF 감독 체제
  파업과 폭동 발발

- 1986 | 우르과이 라운드 시작
  신자유주의적 세계화의 새로운 출발로 불리며 WTO 출범의 기초가 됨

- 1987 | 한국, 6 · 10 민주화운동, 7~9월 노동자 대투쟁, 대통령 직접 선거
  경제 성장을 대가로 민주주의를 포기했던 기존의 모델이 근본적으로 바뀌는 한편 수출 주도 경제에서 내수 주도 경제로의 전환 가능성이 열림

- 1989 | 한국, 경제정의실천시민연합(경실련) 출범

- 1990 | 한국, 전국노동조합협의회 출범

- 1993 | 유럽연합 출범(유럽공동체에서 명칭 변경)
  팍스 아메리카나의 실질적인 균열을 의미하며 세계화의 다른 가능성을 여는 계기. 그러나 실현 가능성은 여전히 진행형임

- 1994 | 한국, 참여연대 출범

- 1995 | 세계무역기구(WTO) 창설
  자본주의적 세계화, 돈이 지배하는 세계화의 정점이자 전 세계적 위기가 확대되는

신호탄

- 1996 | **한국, 경제협력개발기구(OECD) 가입**
  한국이 자본주의적 세계화에 적극적으로 편입되고 1997년과 2008년 두 번의 경제 위기에 직면하는 계기가 됨

- 1997 | **한국, IMF 경제 위기, 노동법·안기부법 저지 총파업**

- 1998 | **한국, 노사정위원회 출범**
  위원회 출범 후 경제 위기 극복 위한 사회 협약 체결

- 1998 | **인도네시아, IMF 구제 금융**
  구제 금융 받은 후 폭동 발생

- 2000 | **한국, 김대중 대통령 'IMF 끝났다' 공식 표명**

- 2001 | **세계사회 포럼 출범**

- 2002 | **한국, 효선이 미순이 애도 촛불 시위**

- 2006 | **한국, 비정규입법 국회 통과**
  1997년 경제 위기 이후 확대된 사회적 양극화를 완화하기 위한 불충분한 시도

- 2007 | **오스트레일리아, 노동당 정부 집권**
  집권 후 노동 유연화 법안 점진적으로 폐지하고 규제 강화 조치 실시

- 2007 | **한국, 한미 FTA 최종 타결 공식 선언**
  OECD 가입 등 한국이 자본주의적 세계화에 적극적으로 편입한다는 선언

- 2008 | **다보스 포럼 개최**
  세계화에 대한 문제 제기, 빌 게이츠가 '가난한 사람들을 위한 자본주의' 주창

- 2008 | **미국, 오바마 대통령 당선**
  미국 최초의 흑인 대통령 당선. 그동안의 자본주의적 세계화가 낳은 전 세계적 위험을 완화하고 세계화의 모델을 근본적으로 전환할 수 있는 가능성을 열다

- 2008 | **한국, 촛불 시위**
  미국산 쇠고기 수입 반대에서 시작해 여러 사회적 의제로 확대되었으며, 집회의 성격 및 시민운동과의 관계 등을 둘러싼 논쟁 일으킴

- 2008 | **세계 경제 위기 시작**
  미국의 금융 위기로 전 세계 경제 위기가 촉발되면서 신자유주의적 금융 자본주의에 대한 비판 제기

- 2008 | **일본 히비야 파견촌 집회**
  장기 불황 이후 숙련 중심의 고용 모델을 점차 포기하고 비용 효율성을 강조하는 방향으로 바뀐 일본 사회가 불황은 극복했으나 사회적 위험은 더욱 확대되었음을 보여주는 사례로, 일본 사회의 방향 전환을 의미

● —— IMF 위기

'비타 악티바'는 '실천하는 삶'이라는 뜻의 라틴어입니다. 사회의 역사와 조응해온 개념의 역사를 살펴봄으로써 우리의 주체적인 삶과 실천의 방향을 모색하고자 합니다.

비타 악티바 07
## IMF 위기

| | |
|---|---|
| 펴낸날 | 초판 1쇄 2009년 3월 25일 |
| | 초판 3쇄 2017년 5월 20일 |
| 지은이 | 은수미 |
| 펴낸이 | 김현태 |
| 펴낸곳 | 책세상 |
| 주소 | 서울시 종로구 경희궁길 33 내자빌딩 3층(03176) |
| 전화 | 02-704-1251(영업부) 02-3273-1333(편집부) |
| 팩스 | 02-719-1258 |
| 이메일 | bkworld11@gmail.com |
| 홈페이지 | www.bkworld.co.kr |
| 등록 | 1975. 5. 21 제1-517호 |
| | |
| ISBN | 978-89-7013-713-1 04300 |
| | 978-89-7013-700-1 (세트) |

ⓒ 은수미, 2009

책값은 뒤표지에 있습니다.
잘못되거나 파손된 책은 구입하신 서점에서 교환해드립니다.